Venedig – für Rainer Maria Rilke »das schöne Gegengewicht der Welt«. Mit Gondel und Vaporetto, meist jedoch zu Fuß erkundete er die Lagunenstadt, seinen Sehnsuchtsort. Markusplatz und Lido inspirierten ihn ebenso wie eine verlassene Großwerft, das Arsenal, er wohnte in einfachen Pensionen und in prächtigen Palazzi venezianischer Mäzene. Rilke ging eigene Wege unabhängig von den »rechthaberischen Sternchen« im Baedeker, und er »nahm alles anders auf als gewöhnliche Menschen«, so Marie von Thurn und Taxis-Hohenlohe, seine Gastgeberin am Canal Grande.

Birgit Haustedt hat die Neuausgabe ihres Erfolgsbuchs grundlegend aktualisiert und erweitert. Auf elf Spaziergängen führt sie durch Rilkes Venedig und gibt Tipps und Hinweise für heutige Besucher.

»So kann man in diesem liebevoll und sachkundig gemachten Büchlein über beide viel erfahren: über die Stadt und über den Dichter!«
DIE ZEIT

Birgit Haustedt lebt als freie Autorin in Hamburg und hat im insel taschenbuch u. a. *Lieblingsorte Hamburg* und einen *Literarischen Reisebegleiter Florenz* veröffentlicht.

insel taschenbuch 4448

Das schöne Gegengewicht der Welt

Mit Rilke durch Venedig

Von Birgit Haustedt

DAS SCHÖNE
GEGENGEWICHT DER WELT

Mit Rilke durch Venedig

Von Birgit Haustedt

Mit zahlreichen Abbildungen

Insel Verlag

Die vorliegende Ausgabe basiert auf dem insel taschenbuch 3174
(Insel Verlag Frankfurt am Main 2006), *Mit Rilke durch Venedig*.
Sie wurde überarbeitet und aktualisiert.

Erste Auflage 2016
insel taschenbuch 4448

Vertrieb durch den Suhrkamp Taschenbuch Verlag
Umschlag: hißmann, heilmann, hamburg
Umschlagfoto: Harald Braun/plainpicture
Satz: Satz-Offizin Hümmer GmbH, Waldbüttelbrunn
Druck: CPI – Ebner & Spiegel, Ulm
Printed in Germany
ISBN 978-3-458-36148-0

Inhalt

Das schöne Gegengewicht der Welt
Mit Rilke durch Venedig

»Er hatte kein Haus, keine Adresse, wo man ihn suchen konnte, kein Heim, keine ständige Wohnung, kein Amt. Immer war er am Wege durch die Welt, und niemand, nicht einmal er selbst, wußte im voraus, wohin er sich wenden würde. (...) So ergab es sich immer nur durch Zufall, wenn man ihm begegnete. Man stand in einer italienischen Galerie und spürte, ohne recht gewahr zu werden, von wem es kam, ein leises, freundliches Lächeln einem entgegen.«[1]

Kreuz und quer reiste Rilke durch Europa, er besuchte Russland und fuhr auf dem Nil, er lebte ebenso selbstverständlich in der Worpsweder Provinz wie in der Weltstadt Paris oder auf einem abgelegenen Adelssitz im Böhmischen. Und immer wieder in Venedig: Markusplatz und *Lido*, Dogenpalast und *Canal Grande* waren ihm bestens vertraut. Zehnmal besuchte er die Stadt, zuerst an einem Wochenende im März 1897, zum letzten Mal am 13. Juli 1920. Venedig zog der Dichter allen anderen Orten in Italien vor. Florenz ließ er nach seiner Jugend links liegen, auch dichterisch, Capri inspirierte ihn immerhin zu einigen seiner schönsten Naturgedichte. Rom lehnte er gänzlich ab. Überall nur »unlebendige und trübe Museumsstimmung«,[2] klagte er und las in Rom lieber Kierkegaard auf Dänisch. Venedig dagegen blieb ihm Sehnsuchtsort und immerwährende Herausforderung: »Ich kann keine Zeitung, kein Buch im Vorübergehen mit dem Blicke streifen seit einer Zeit, ohne das Wort Venise zu lesen; es bildet sich im letzten Augenblick unter meinen Augen, wohin ich auch sehe.«[3]

Reisen war für Rilke nicht einfach Erholung, Hobby oder Ablenkung vom Alltag. Reisen war seine Passion, seine Lebenshaltung – und war Arbeit, Teil seiner Profession als

Dichter. Rilkes Reisen dienten nur dem einen Ziel: Immer suchte er Impulse, Anregungen, Ideen für sein Schreiben. Dabei machte er es sich nie leicht. Auf dem Markusplatz sitzen, die Stimmung spüren und aufschreiben – so entstanden Rilkes Gedichte nicht. »Verse sind nicht, wie die Leute meinen, Gefühle (die hat man früh genug), – es sind Erfahrungen. Um eines Verses willen muß man viele Städte sehen, Menschen und Dinge (...). Man muß zurückdenken können an Wege in unbekannten Gegenden, (...) an Tage in stillen, verhaltenen Stuben und an Morgen am Meer, an das Meer überhaupt, an Meere, an Reisenächte, die hoch dahinrauschten ...«[4] Unter den vielen Reisezielen Rilkes stellte Venedig eine besondere Herausforderung dar, denn keine andere europäische Stadt besitzt eine solch reiche künstlerische Tradition, so viele Kunstwerke auf engstem Raum – die ganze Stadt ist ein europäisches Gesamtkunstwerk, »beladen von Literatur«, besungen, bemalt, bedichtet, beschrieben. Eine eigene Haltung zu Venedig zu finden war für den Dichter eine lebenslange Aufgabe. Mit keiner Stadt – außer Paris – hat Rilke sich so intensiv auseinandergesetzt: »Denn wir werden nicht fertig miteinander von einem zum anderen Mal, und es wär gut zu wissen, was wir uns wollen, eines vom andern.«[5] Eine Herausforderung war Venedig umso mehr, als Rilke sich weder auf Traditionen berufen wollte noch konnte. Rilke ging eigene Wege, in der Stadt und literarisch. »Umzulernen ist es von Anfang an.« Seine Texte liefern keine bekannten Stimmungsbilder der *Serenissima* als einer dekadenten Stadt. Zuerst näherte auch er sich ihr zwar ganz konventionell. Er las Goethes »Italienische Reise«. Die legte er aber gleich zur Seite, zu nüchtern, wie er fand. Auch den »Baedeker«, seit Mitte des 19. Jahrhunderts beliebtester Reiseführer der Bildungsbürger, kritisierte er wegen seiner »rechthaberischen Sternchen«. Das hielt den jungen Dichter damals allerdings nicht davon ab, das Handbuch literarisch zu verwerten: Seine ersten Gedichte klingen wie Baedeker in Versen. Und obwohl er sich stets über seine Mittouristen und den Massentourismus beklagte, dessen erste Auswüchse er in Venedig mitbekam, profitierte er doch, wenn es nötig war, von touristischen Einrichtungen. Fahrkarten und Zugverbindungen bestellte er in *Cooks Reisebüro* – das war bequem und am billigsten. Auf seine erste längere Venedigreise 1907 nahm er einen ganzen Stapel sehr wertvoller alter Bücher mit, die ihm der Wiener Richard Beer-Hofmann geliehen hatte. Rilke revanchierte sich später, indem er dem Freund das Gedicht »Venezianischer Morgen« widmete. Auf Schloss Duino, nicht weit von Venedig an der gegenüberliegenden Adria-Küste gelegen, las er monatelang in der Schlossbibliothek alles, was er über Venedig finden konnte, auf Italienisch, Französisch, Deutsch. In Venedig besuchte er Archive und Bibliotheken. Selbstverständlich las Rilke auch Literarisches. Die Sonette von Gaspara Stampa, Venedigs bedeutendster Dichterin, wollte er sogar übersetzen. Dazu kam es zwar nicht, sie ging aber auf andere Weise in seine Dichtung ein. In der ersten »Duineser Elegie« erinnert er an ihren Namen.

Auch das Allerneueste las Rilke. Thomas Manns Novelle »Tod in Venedig« besorgte er sich 1912, gleich nach Erscheinen. »Von meisterhafter Fraktur« der erste Teil, »nur peinlich« der zweite Teil, lautete sein Urteil (Der genaue Wortlaut findet sich beim Spaziergang 9).

Rilke war erstaunlich belesen für jemanden, der von sich selbst sagte, er sei »fast ohne Kultur«. Er las viel, aber unsystematisch. »Rilkes Bildung war (...) die eines Liebhabers, wählerisch, sprunghaft, den Gegenstand aber sehr rein in sich aufnehmend und wiedergebend.«[6] Und wie ein Liebhaber vermittelt uns Rainer Maria Rilke sein Wissen auch. Das Gedicht »Ein Doge« (1907) z. B. beschreibt venezianische Regierungskunst in nuce – aber nicht in dürren akademischen Worten, nicht gleich auf den ersten Blick zu erobern und zu verstehen, sondern poetisch verdichtet.

Mehr noch als das Lesen liebte Rilke das Spazierengehen. Rilke war ein leidenschaftlicher Spaziergänger. Stefan Zweig, der ihn in Paris dabei oft begleitete, meinte sogar, eine Stadt »bis in ihre letzten Winkel und Tiefen zu kennen, war für ihn Leidenschaft, fast die einzige, die ich je an ihm wahrgenommen«.[7] Das galt auch für Venedig. Rilke durchstreifte tagelang die Stadt, manchmal mit der Gondel, meist aber zu Fuß. »Meine Lektüren kamen bei diesem letzten Aufenthalt gar nicht zur Verwendung ⟨–⟩ höchstens, daß ich unter dem Einfluß der neuen topographischen Ausbildung die Stadt nun erst recht mir aneignete von S. Alvise bis S. Pietro di Castello in ihrer ganzen Ausbreitung.«[8] In diesem untouristischen nordöstlichen Gebiet Venedigs fand der Dichter 1920 nach langen Jahren der Abwesenheit noch immer jede Straße, die er suchte. Ohne sich zu verirren, wie er stolz vermeldete. Stolz war er auch darauf, »ein so inkommensurables Wesen wie Venedig« so gut zu kennen, dass ihn Fremde »in der Vielwendigkeit der ›Calli‹ mit Erfolg nach jedem Ziele fragen konnten, das ihnen erwünscht war«.[9]

Häufig spazierte er allein. Oft begleitete ihn Marie von Thurn und Taxis-Hohenlohe, seine Gastgeberin in Venedig. Sie hatten sich 1909 in Paris kennengelernt, vermittelt hatte ein gemeinsamer Freund, der Philosoph und Essayist Rudolf Kassner (übrigens einer der wenigen männlichen Freunde Rilkes). Die Fürstin mochte Rilke sofort, auch wenn sie ihn sich anders vorgestellt hatte, »nicht diesen ganz jungen Menschen, der fast wie ein Kind aussah; er erschien mir im ersten Augenblick sehr häßlich, zugleich aber sehr sympathisch«.[10] Sie erfand einen neuen Namen für ihn: »Dottore Serafico«, er nannte sie stets respektvoll »liebe Fürstin«. Mehr als zehn Jahre lang war sie der wichtigste Mensch in seinem Leben, mütterliche Freundin, großzügige Mäzenin und herzliche Gastgeberin in Duino und in Venedig. Dort wohnte er die meiste Zeit in ihrem »echtvenezianischen Mezzanin« am *Canal Grande*. Sie war gebürtige Venezianerin, aus ältestem Adel und eine der reichsten Frauen Österreichs. Außerdem immens interessiert an Musik, Malerei, Literatur, sie übersetzte sogar Dante mit Rilke zusammen. Die Fürstin liebte es, Künstler und Gelehrte in geselligen Runden zu versammeln. Ihr Schloss Duino war Zentrum der kulturellen Elite Europas. Vom italienischen Weltstar Eleonora Duse bis zum Berliner Museumsdirektor Bode konnte man dort vor dem Ersten Weltkrieg alle treffen, auch den gesamten europäischen Hochadel, einschließlich den Ehemann der Fürstin. Marie von Thurn und Taxis war eine wirkliche Dame, gebildet, großzügig und lebensklug. Sie half dem Dichter, wo sie konnte. Wenn der Dichter zum Beispiel Probleme mit Frauen hatte (was ziemlich oft vorkam), fand sie die passenden, meist deutlichen Worte.

Gemeinsam besuchten Fürstin und Dichter Kirchen, Kunstausstellungen und Cafés. Ein solcher Venedig-Tag ver-

Ballsaal der Ca' Rezzonico. Mit Ehefrau Clara besuchte Rilke 1903 den Palast.

lief so: Nach einem »kleinen Frühstück in echtvenezianischem Milieu, im ›*Fenice*‹«, ging es in die *Frari*-Kirche, in die Gemäldesammlung *Querini-Stampalia* oder zum verwunschenen *Giardino Eden* auf der *Giudecca*. Von dort dann ein Abstecher »zu einem Antiquar, der uns Stoffe zeigte; ebenso unwahrscheinlich prachtvoll wie die Blumen; Rilke hatte für schöne Stoffe eine große Vorliebe«.[11]

Wenn er irgendwo hineingelangen wollte, in die damals private *Ca' Rezzonico* zum Beispiel, scheute der Dichter keine Mühen, mobilisierte Beziehungen, schrieb Briefe, wartete ausdauernd.

Beim Spazieren achtete Rilke auf alles, auch das Unscheinbarste entging ihm nicht. An keiner Grabinschrift konnte er vorbeigehen, gern las er sie laut vor. Manchmal sprach er auch eigene Verse – nur an »würdigen Stätten«, versteht sich. Auf allen seinen Wegen trug er immer ein Notizbuch bei sich, »in der Tasche seiner bis an den Hals geschlossenen schwarzen Satinweste – übrigens der einzigen Absonderlichkeit, die er sich eine Zeitlang gestattete«.[12]

Eine besondere Vorliebe hatte der Dichter für die zarten Madonnenbildnisse der venezianischen Maler. Mit Rilke durch Venedig zu gehen heißt auch, Bilder anzuschauen, immer und überall. »Denn wenn Venedig in jedem Dinge, in jedem Prospekt, in jeder Spiegelung ist, in den Bildern ist es tausendmal: seine Essenzen sind in den Bildern.«[13] Rilke kannte in Venedig alle Museen, Galerien, auch private Sammlungen, die zeitgenössische Biennale besuchte er regelmäßig. Bewunderung von Meisterwerken, Stilgeschichte, Periodisierungen – klassische kunstgeschichtliche Fragen also – waren seine Sache nicht. Alles musste ihn persönlich angehen. Zum Beispiel zu einem Gedicht anregen.

Wie ein Gemälde Carpaccios im *Museo Correr*. Oder ein Tintoretto-Bild in der abgelegenen Kirche *Madonna dell'-Orto*, »Die Darstellung Mariae im Tempel«, das Rilke zu seinem gleichnamigen Gedicht inspirierte. Ein doppelter Glücksfall. Mit Rilkes Gedicht verstehen wir Tintorettos Gemälde, seine Farbigkeit, den Bildaufbau, die gesamte Komposition, wir lernen sehen. Und wir erhalten einen selten klaren Einblick in Rilkes Dichterwerkstatt.

Für die Fürstin waren die gemeinsamen Unternehmungen, Reisen und Spaziergänge mit Rilke herausragende Erlebnisse: »Ich habe nie eine Reise mehr genossen, als wenn ich das Glück hatte, mit Rilke unterwegs zu sein. Nicht nur, daß er alles sah und bemerkte, er nahm alles anders auf, anders als gewöhnliche Menschen. Das nahm einem fast den Atem, man wußte nicht, was man an ihm mehr bewundern sollte, die Schau der Dinge oder die ins Innere dringende ›*a glass that shows us many more*‹.«[14] Auch der Dichter erinnerte sich gern an die gemeinsamen Wege. Auf seine Art. In der ersten »Duineser Elegie« heißt es: »Oder es trug eine Inschrift sich erhaben dir auf, wie neulich die Tafel in Santa Maria Formosa.« »Neulich« war der 3. April 1911.

Ein schöner Morgen, wie die Fürstin in ihr Tagebuch schrieb. Sie vermerkte auch viele andere Erlebnisse, die in der Dichtung nicht auftauchen. Wie Rilke zum Beispiel gern Frauen hinterher sah: »Rilke begeisterte sich an ihrem Anblick, obschon man in der Friauler Landschaft oft genug solchen edlen Physiognomien begegnet. ›Um Himmels willen, Serafico, setzten Sie sich's nur nicht in den Kopf, auch diese Frau zu retten‹, sagte ich ihm. Er mußte sehr lachen.«[15]

Wenn er in Venedig weilte, wohnte Rilke die meiste Zeit in der komfortablen Wohnung der Fürstin direkt am *Canal Grande*. Wie Rilke hier lebte, wie er sich in dem noblen Haushalt einrichtete, wie er mit der Dienerin Gigia zurechtkam, erfahren wir aus dem Briefwechsel Rilkes mit der Fürstin. Vom Badeausflug auf den Lido bis zum Abend in Venedigs glamourösestem literarischen Salon bei Gräfin Mocenigo, von Schreibkrisen, Scirocco und seinem schwierigen Verhältnis zu Eleonora Duse berichtete Rilke der Fürstin. Durch sie hatte er erst Zutritt erhalten zu Venedigs höchsten Adelskreisen.

Auch wenn er nicht bei der Fürstin wohnte, liebte Rilke es standesgemäß und teuer. Er logierte dann meist in einem der Luxushotels am *Canal Grande*, obwohl es seinen Geldbeutel strapazierte. Übrigens hatte er bereits bei seinem ersten Venedigaufenthalt 1897, noch als Student, eine edle Unterkunft. Die Reise hatte ihm ein Amerikaner finanziert, Nathan Sulzberger, den Rilke in München kennengelernt hatte. Die jungen Männer wohnten im *Hotel Britannia*, damals einem der drei besten Häuser am Ort mit Aufzug, Zentralheizung und Blick auf den *Canal Grande*. Wenn Rilke nicht eingeladen wurde und selbst kein Geld hatte, war der Dichter überraschend praktisch. Herbst 1907 war so eine Situation: Er wollte unbedingt nach Venedig, hatte jedoch keinen Pfennig. Da fragte er alle Bekannten in Paris nach günstigen Zimmern. Der venezianische Kunsthändler Pietro Romanelli wusste schließlich Rat. Seine beiden Schwestern vermieteten Zimmer in ihrer Wohnung auf den *Zattere*, für den armen Poeten sogar zum Sonderpreis. Ein Glück für Rilke, auch in anderer Hinsicht. Hier lernte er die Frau kennen, die die Forschung lange als »unbekannte venezianische Geliebte« beschäftigt hat: Mimi Romanelli. Ein Glück auch für die Dichtung. Rilkes bedeutendste Venedig-Gedichte entstanden nach diesem Aufenthalt im November 1907. Er schrieb sie allerdings erst Monate später, einsam in Paris. Denn eine liebende Frau störte nur beim Dichten.

Rilke gilt als Dichter des Weltinnenraums, keiner schuf wie er innere Räume nur mit Worten, schwer zu entschlüsseln wie in den »Duineser Elegien«. In der Forschung heißt es, Rilke sei Meister darin, innere Landschaften zu entwerfen ohne äußere Äquivalente. Alles Äußere werde in das Innere der Sprache überführt. Doch nicht ohne Bezüge zur Wirklichkeit. Zumindest nicht in seinen Venedig-Gedichten. An Ort und Stelle gelesen, merkt man, wie viel Wirklichkeit, wie viel Orts- und Geschichtskenntnisse in seine Lyrik eingeflossen sind. Rilke war kein Träumer, der nur in eigenen Gefühlen schwelgte. Er war ein äußerst präziser Spracharbeiter, der die Sprachlandschaft seiner Gedichte – wie man in Venedig merken kann – immer auch »erdete«, der Bezugspunkte aus der Wirklichkeit brauchte und aufnahm: »Sie können sich wohl denken, wie viel Einfluß Umgebungen auf mich gehabt haben, mehrere Länder, in denen ich durch wiederholte Geduld und Langmut meines Schicksals, nicht nur als Reisender mich habe aufhalten, sondern wo ich wirklich habe wohnen dürfen, unter den lebhaftesten Anschlüssen an die Gegenwart und Vergangenheit dieser Länder.«[16] Ihn interessierte nie nur die eigene Befindlichkeit, immer wollte Rilke

auch das Wesentliche einer Stadt wie Venedig ergründen, hinter den Fassaden. Sein bekanntestes Gedicht »Spätherbst in Venedig« handelt nicht allein von der Dekadenz verfallender Paläste (das auch), sondern stellt ein verlassenes Industriegebiet in den Mittelpunkt: das Arsenal, Venedigs große Staatswerft, einst ökonomisches Herz der Stadt. Ohne das Arsenal, ohne Wirtschaft, Arbeit, Handwerk, so Rilke, keine Paläste, keine Kunst in Venedig. Rilke fragt nach den Grundlagen der Kunst und landet bei der Ökonomie, fast eine brechtsche Herangehensweise. Aber in Rilkes Sprachfunkelkunst verpackt.

Rilkes Venedig-Gedichte führen auch in das historische und künstlerische Zentrum der Macht: zu Venedigs großartiger Staatskirche *San Marco* im gleichnamigen Gedicht oder zum Dogenpalast (»Ein Doge«). Doch Rilke interessierte nicht nur die Haupt- und Staatsgeschichte, im Gegenteil. Er ging gerne Nebenwege, auch in Venedig. Als Erster beschreibt er 1900 in Venedig einen Ort, der jahrhundertelang im Bewusstsein der Stadt nicht vorkam: das Ghetto. Mit Rilkes kleiner Erzählung »Eine Szene aus dem Ghetto in Venedig« in der Hand kann man diesen Stadtteil, das Besondere seiner Architektur und Geschichte entdecken.

Wenn von »Wirklichkeit« die Rede ist, dann nicht im Sinne von fotografischen Abbildern oder eines irgendwie gearteten Realismus. Rilke war Dichter, er verdichtete Erkenntnisse, Geschichte, Mythen, Erfahrungen, Gelesenes, Gesehenes, Gehörtes in seiner äußerst präzisen Sprache. Das war seine Kunst. Selbst in Briefen wie dem folgenden an Ehefrau Clara kam es ihm auf sprachliche Genauigkeit an: »Venise: dieser wunderbare verblichene Name, durch den ein Sprung zu gehen scheint und der sich nur wie durch ein Wunder noch hält – dem heutigen Dasein jenes Reiches ebenso seltsam entsprechend wie einst Venezia dem starken Staate entsprach, seiner Aktion, seiner Pracht. (...) Während ›Venedig‹ umständlich und pedantisch schien und nur gültig für die kurze unselige Zeit österreichischer Herrschaft, ein Aktenname, von Bürokraten boshaft auf unzählige Konvoluts geschrieben, trist und tinten.«[17] Ein Kunststück, wie Rilke hier ohne Jahreszahlen und ohne langweilige Historikersprache die wechselvolle Geschichte Venedigs expliziert – einzig an den Veränderungen seines Namens.

Briefe sind wichtige Quellen für Rilke in Venedig. Briefe waren für den Dichter immer auch »Arbeitsmittel«, in Briefen probte er Gedanken und Formulierungen, die er später in seinen Gedichten benutzte. »Werk und Brief sind hier wie Rock und Futter«, schrieb Rudolf Kassner einmal, »doch ist letzteres aus so kostbarem Material, daß wohl einer einmal auf den Gedanken verfallen könnte, den Rock mit dem Futter nach außen zu tragen.«[18] Für Rilkes Venedig-Briefe gilt das doppelt, sie enthalten viele seiner schönsten und klarsten Passagen, auch sehr poetische.

Die ersten Venedig-Dokumente Rilkes überhaupt finden sich in Briefen. Er schrieb sie Ende März 1897 an die Münchner Freundin Nora Goudstikker: »Ich soll Venedig sehen – oder und darauf freue ich mich noch mehr –: ich soll Ihnen von Venedig erzählen dürfen.«[19] Auf vielen Seiten nimmt er die junge Frau mit auf seine ersten aufgeregten Exkursionen durch Venedig – selten hat Rilke so wirr, selten aber auch so lebendig und unmittelbar geschrieben. Nora Goudstikker war übrigens eine der ersten emanzipierten Frauen in München, zusammen mit ihrer Schwester betrieb sie das renommierte Fotostudio Elvira.

Spätere Briefe sind kleine Kunstwerke, wie z. B. die an

Ehefrau Clara aus dem Herbst 1907, für die Venedig-Literatur ganz ungewöhnliche Schilderungen, wie von Cézanne gemalt. Viele Formulierungen erprobte der Dichter auch mehrfach an die verschiedenen Adressatinnen. Mancher Brief erhellt seine Gedichte, wie ein in der Forschung gern benutztes Schreiben an Baronin Sidonie Nádherni von Borutin, das sich wie die Prosafassung von »Spätherbst in Venedig« liest.

Selbst Rilkes »Pflichtbriefe« über Venedig sind brauchbar. Als Gisela von der Heydt Rilkes Rat für ihre Hochzeitsreise nach Venedig erbat, hatte der Dichter erst keine Lust, immer wieder verschob er den Brief. Doch Giselas Vater Karl von der Heydt war zu der Zeit Rilkes wichtigster Finanzier. Also setzte er sich schließlich hin und verfasste einen sechzehnseitigen Brief (mit Anmerkungen!), freilich nicht ohne einen Seitenhieb auf den Bräutigam: »Ich muß mich wirklich auf ein paar bescheidene ›Winke‹ zurückziehen (wie ich sehe) und Sie im Übrigen dem Baedeker, nein: viel lieber Ihrer eigenen Stimmung und inneren Fügung überlassen, die Sie auf dieser freudigen Reise zu allem führen wird; (es sei denn, daß Ihr Herr Gemahl sich die Führung nirgends wird nehmen lassen mögen: worunter Sie nicht leiden werden).«[20] Wir wissen nicht, wem Fräulein Gisela sich anvertraute, mit Rilke als Reiseführer hätte sie jedenfalls viel von Venedig gesehen und verstanden. Viele seiner Tipps gelten auch heute noch – von welchem Ort man zum Beispiel den schönsten Abschiedsblick auf Venedig hat.

Rilke hat weder einen neuen Venedig-Mythos geschaffen noch am alten Mythos der Dekadenz fortgeschrieben. Er hat keine kompakte einheitliche Venedig-Dichtung hinterlassen, dafür eine moderne. In seinen verstreuten Gedichten, Briefen, Erzählungen und kryptischen Verweisen der »Duineser Elegien« ordnet sich Venedig neu und wird persönlicher. Er rückt Markuskirche und Carpaccio neben das Ghetto, Venedigs Aufstieg zur Seemacht ist ihm ebenso wichtig wie die Zeit des Untergangs, Staatsaktionen stehen neben unscheinbaren Begebenheiten, Marienbilder neben Alltagserlebnissen.

Rilke hat Venedig neu und auf seine eigene Weise kartographiert, nicht systematisch, eher wie ein Liebhaber. Man muss seine Vorliebe für Madonnen und seine Abneigung gegen volkstümliche Trattorien nicht teilen. Aber man kann von Rilke und seiner Haltung beim Reisen lernen. Er hat das selbst einmal so formuliert: »Das ist das Entsetzliche: in anderen Ländern reisen die meisten Menschen vernünftig. Sie lassen sich oft vom Zufall leiten, entdecken schöne und überraschende Dinge, und eine Fülle von Freuden fallen ihnen reich und reif in den Schoß. In Italien laufen sie blind an tausend leisen Schönheiten vorbei zu jenen offiziellen Sehenswürdigkeiten hin, die sie doch meistens nur enttäuschen, weil sie, statt irgendein Verhältnis zu den Dingen zu gewinnen, nur den Abstand merken zwischen ihrer verdrießlichen Hast und dem feierlich-pedantischen Urteil des Kunstgeschichtsprofessors, welches der Baedeker ehrfurchtsvoll gedruckt verzeichnet. Fast würde ich denen den Vorzug geben, welche von Venedig als erste, weit überragende Erinnerung mitbringen: das gute Kotelett, welches sie bei Grünwald und Bauer gegessen haben; denn sie bringen doch wenigstens eine aufrichtige Freude mit, etwas Lebendiges, Eigenes, Intimes.«[21]

Erster Spaziergang: Wohnen, lieben, dichten auf den Zattere und im Palazzo Valmarana

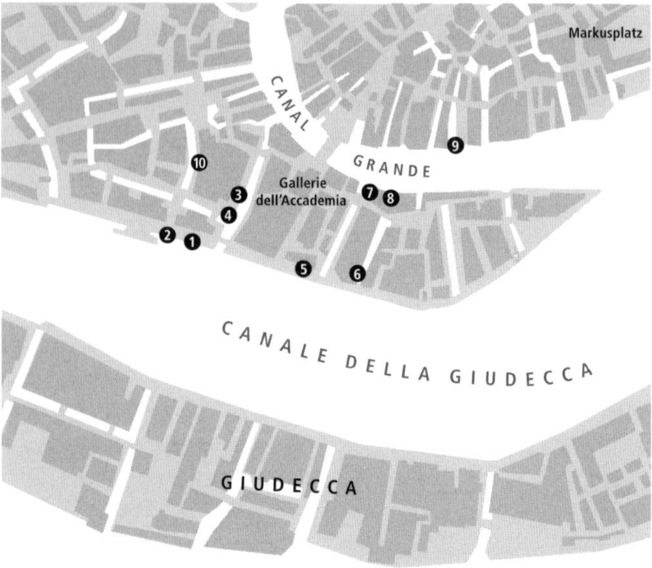

[1] **Pension Romanelli** [2] **Geburtshaus Luigi Nonos** [3] **Campo San Trovaso** [4] **Werft »Squero di San Trovaso«** [5] **Kirche I Gesuati** (Santa Maria del Rosario) [6] **Pension »La Calcina«** [7] **Palazzo Valmarana** (heute: Cini-Loredan) [8] **Campo San Vio** [9] **Palazzo Corner** (Ca' Grande) [10] **Locanda Montin**

Zattere, Ponte Lungo 1471

Als Rilke am 19. November 1907 das erste Mal vor dem Haus *Zattere, Ponte Lungo* 1471 stand, war er erschöpft von einer Nachtfahrt im Zug und enttäuscht vom ersten Eindruck der Stadt: »Viel schwerer zu bewundern ist es so, da es sich kalt anfühlt, Venedig; und im ersten Moment hatte es etwas von der Trostlosigkeit eines ungeheizten Zimmers, in dem man sich zu wärmen hoffte.«[22] Außerdem lag die Privatpension Romanelli nicht gerade in der besten Gegend. Das bescheidene zweistöckige Häuschen, damals war es rosa gestrichen, heute in einem verwaschenen Terrakotta-Braun, liegt auf den sogenannten *Zattere* am äußersten Rand der Stadt südlich des *Canal Grande*. Die *Zattere* wurden im 16. Jahrhundert als Uferkai gebaut, hier war die Hauptanlagestelle für Holz, das wichtigste Baumaterial für Schiffe. Daher der Name, *Zattere* bedeutet Flöße. Der breite Uferweg erstreckt sich von der *Dogana da Mar*, dem ehemaligen Seezollamt, kilometerweit bis zur *Stazione Marittima*, dem Passagierhafen, der im 19. Jahrhundert gebaut wurde. Ihm gegenüber liegt das Haus der Romanelli. Anna und Adelmina Romanelli vermieteten billig Zimmer ihrer Wohnung – wie viele andere am *Zattere*, sogar der Baedeker empfahl diese Unterkünfte als preiswert und ruhig, wenn auch weitab vom Schuss. Statt im Zentrum mit den Kunstschätzen war Rilke am Hafen gelandet: »Draußen ist, nächtlich jetzt, der breite Steinquai der Zattere, an dem entlang große Segelschiffe liegen. Es

ist so still, daß man an einem entfernteren die Taue knarren hört. Dann und wann kommt einzeln ein Schritt, der spät klingt, obwohl es erst nach acht ist.«[23]

Der Kunsthändler Pietro Romanelli, den Rilke aus Paris kannte, hatte ihm die Pension seiner Schwestern vermittelt. Die beiden hatten Rilke gleich in einem »sehr netten Brief« angeboten, er könne jederzeit kommen. Doch als der Dichter vor der Tür stand, waren die Venezianerinnen befremdet. Sie hatten aufgrund seines zweiten Vornamens eine junge Frau erwartet. Adelmina, die jüngere, fasste sich schnell und lud ihn ein, zum Essen, vegetarisch sogar. Das hatten sie vorher so vereinbart, zu einem sehr moderaten Preis. Rilke bekam das schönste Zimmer, nach Süden hin mit einem wunderbaren Blick über den *Canale della Giudecca*, der hier fast dreihundert Meter breit ist, auf die gleichnamige Insel.

Für Rilke war die Pension damals ein Glück, er fühlt sich sofort wohl und entdeckt, wie er seiner Frau Clara vorschwärmte, Venedig »nicht von einem Hotel aus: von einem kleinen Hause, mit alten Sachen, zwei Schwestern und einer Magd«.[24] Das klingt beschaulich, bescheiden – und langweilig. Das Haus war alt, die Magd möglicherweise auch, aber mindestens eine der Schwestern war jung, lebendig und sehr schön: Adelmina, genannt Mimi. Sie nahm sich sofort ihres Gastes an: Abends spielte sie Klavier für ihn (sie war eine hervorragende Pianistin, Schülerin Busonis), tags begleitete sie ihn stundenlang durch das novembrige Venedig. Gleich am zweiten Tag schenkte sie ihm ihr Bild. Nicht ohne Wirkung. Der Dichter schrieb ihr einen Brief, auf Französisch: »Ich erfahre Ihre Schönheit wie ein Kind, dem man eine schöne Geschichte erzählt.«[25] Ein paar Tage später schon erklärte er ihr seine Liebe – auf Knien, in einer

Gondel, wie sich Signora Romanelli später erinnerte. Und immer wieder Briefe: »Mein Herz fährt fort, Sie kniend zu betrachten. Ich liebe Sie.«[26]

So verlassen wie zu Rilkes Zeiten ist es auf den *Zattere* besonders abends und im Sommer nicht mehr. Heute verläuft hier ein bei den Venezianern sehr beliebter Spazierweg mit Cafés, Eisdielen und Restaurants. Auch bei der ehemaligen Pension Romanelli geht es nicht mehr so ruhig zu. Im Erdgeschoss logiert die kleine *Gelateria al Sole*, vor dem Haus stehen bei gutem Wetter die eleganten Tische des benachbarten *Ristorante Riviera.*

Seitenblick: Luigi Nonos Geburtshaus

Drei Häuser links von Nummer 1471 steht das Geburts- und Sterbehaus des venezianischen Komponisten Luigi Nono (1924-1990). Von ihm stammt eine ungewöhnliche Rilke-Komposition. Ungewöhnlich schon deshalb, weil moderne Komponisten nur selten Rilke-Gedichte vertonten (am bekanntesten ist Hindemiths »Marienleben«). Ungewöhnlich ist vor allem das Werk selbst. Als Vertonung kann man »Das atmende Klarsein« (ein Zitat aus der siebten »Duineser Elegie«) eigentlich nicht bezeichnen. In den Jahren 1980 bis 1983 arbeitete Nono eng mit dem venezianischen Philosophen Massimo Cacciari zusammen. Der Rilke-Kenner kombinierte Textstellen aus den »Duineser Ele-

Ein billiges Zimmer und liebevolle Aufnahme fand der Dichter 1907 im Haus der Schwestern Romanelli.

gien« mit antiken orphischen Dichtungen. Luigi Nono komponierte dazu Musik für Chor und Flöte. Der Text bleibt meist unverständlich, die Worte verhallen wie im Wind, nur einzelne Satzfetzen sind zu verstehen – ähnlich wie es einem auch beim Lesen der »Duineser Elegien« oft geht. Eine kongeniale Komposition zu Rilkes schwierigster Dichtung. Massimo Cacciari war später viele Jahre lang Bürgermeister von Venedig.

Seitenweg: Campo San Trovaso

Ein paar Schritte zurück, am Romanelli-Haus vorbei und um die Ecke liegt der *Campo San Trovaso*. Hier sieht es noch so aus wie zu Rilkes Zeiten. Die Gegend hinter den *Zattere* war ein Arbeiter- und Handwerkerviertel. Fischer, Werftarbeiter und Handwerker, die meisten auf Holz spezialisiert, arbeiteten hier in Lagerhäusern, Werkstätten und kleinen Werften. Die älteste dieser Werften, der *Squero di San Trovaso*, aus dem 17. Jahrhundert, befindet sich hier. Die hölzernen Baracken dienen als Lager für Werkzeug und Material sowie als Arbeitsplatz bei schlechtem Wetter, sonst wurde auf dem Vorplatz gearbeitet. Eine schwierige und kunstvolle Arbeit: Aus 224 Teilen mit mindestens acht verschiedenen Hölzern, darunter immer Eiche, Kirsche, Nussbaum, wird eine Gondel zusammengesetzt. Acht Jahre musste ein Gondelbauer lernen, um Meister zu werden. Der Gondelbau war ein streng gehütetes Geheimnis. Früher gab es Hunderte dieser *Squeri* (venezianisch für Werft), heute ist der *Squero di San Trovaso* einer der letzten.

Das Resultat solcher Handwerkskunst beschrieb Rilke 1920, als die Gondeln bereits ihre Bedeutung als Hauptverkehrsmittel eingebüßt hatten, auf unnachahmliche Weise: »Vor sieben Jahren, da die Gondel noch ein erschwingliches Fahrzeug war, fuhr man dem Nächtigwerden des Himmels jedesmal entgegen, durch die Kanäle in die Lagune hinaus; nie vielleicht kommt man so in das Medium der Nacht hinein, wie, liegend fast, in den schwarzen Lederkissen dieses schmeichelnden Fahrzeugs, dem einzigen, das keinen Riß in die Nacht reißt im Vorwärtsdringen. So gut man sie auch kennt, immer wieder erstaunt man über die Vollkommenheit der Gondel; viele ihrer Eigenschaften, wie z. B. schon ihre außerordentliche Länge, scheinen mit den gegebenen Bedingungen in Widerspruch zu stehen und erweisen sich dann doch als unbeirrteste Erfahrung und Einsicht. Wie von der innersten Natur Venedigs ist dieses schlanke schwarze Schiff hervorgebracht, ein Geschöpf, ein Wesen –, unter den Dingen nur noch mit einem Musik-Instrument zu vergleichen, dessen ganzer Körper von Bedingungen gebildet ist, die weit aus dem Unsichtbaren und Unfaßlichen herüberreichen. Die Gondel ist vielleicht das Instrument der Stille, der Gondolier steht wie ein ›Vorzeichen‹ da, wie der Violinschlüssel, am Zeilenanfang ihrer Bewegung, die eine Musik der Lautlosigkeit und des Schweigens ist in unendlichen Abwandlungen und Steigerungen.«[27]

Für einen Rilke-Spaziergang ist *San Trovaso* noch aus einem anderen Grunde bedeutsam: Hier starb im April 1554 Gaspara Stampa, Venedigs bedeutendste Dichterin und eine der »Hausheiligen« Rilkes. Ihre Lebens- und Liebesgeschichte wurde Vorbild für ihn. Denn Gaspara Stampa wurde Künstlerin aus unglücklicher Liebe. 1523 in Padua geboren, lebte sie als Kurtisane in Venedig und verliebte sich in einen Grafen Collatino di Collalto. Der verließ sie bereits nach kurzer Zeit, doch Gaspara Stampa liebte ihn weiter, hoffnungslos und verzweifelt. Bis sie ihr Leid in Verse verwandelte: Sie begann zu schreiben, Briefe und Sonette, ihre ganze Leidenschaft galt jetzt der Kunst. Mit 31 Jahren starb sie. Für solche Künstlerinnen aus unglücklicher Liebe hatte Rilke ein großes Faible. Als Mimi Romanelli ihn 1908 in einem Brief auf die venezianische Dichterin aufmerksam machte, war er sofort Feuer und Flamme: »Wir könnten eines Tages gemeinsam das Werk der Gaspara Stampa studieren«[28], schlug der Dichter vor. Zu dieser Zusammenarbeit kam es nicht.

Denn 1908 war Rilkes Leidenschaft für Mimi längst erloschen. Nach zehn Tagen war er noch im November 1907 abgereist. Viele Jahre blieb sie in ihn verliebt, er distanzierte sich bald. Mal spielte er den braven Ehemann (»Meine Frau ist eins mit mir in der Bewunderung für Sie, und wir verbringen Stunden vor Ihrem schönen Porträt«[29]), mal war er zu krank, um sie zu besuchen – immer fand er eine Ausrede, um ihrer Leidenschaft zu entgehen: »Ich flehe jene an, die mich lieben«, schrieb er der einstigen Geliebten, »meine Einsamkeit zu lieben, andernfalls müßte ich mich vor ihren Augen, vor ihren Händen verbergen, wie ein wildes Tier sich vor der Nachstellung durch seine Feinde verbirgt.«[30]

Bei aller Sympathie für verlassene Künstlerinnen interpretierte der Dichter für sich das Ideal der besitzlosen Liebe, wie er es nannte, anders. Rilke verliebte sich schnell, aber sobald eine Frau ihm zu nahekam, Ansprüche an ihn stellte, fürchtete er um seine Arbeitsfähigkeit und zog sich zurück. Zwar brach er seine Beziehung zu Mimi Romanelli nicht ganz ab. Bis zu seinem Tode wechselten sie noch Briefe, im Laufe der Jahre wurde aus ihrer kurzen Liebesgeschichte eine Freundschaft – aber immer auf Distanz. Auch wenn er in Venedig weilte, traf der Dichter Mimi nur selten

Hüter hoher Handwerkskunst: der Squero von San Trovaso,
eine der letzten Gondelwerften Venedigs

und eher gezwungen zu gemeinsamen Spaziergängen. Wohnen wollte er nie wieder bei ihr.

Die zehn Tage im November 1907 mit Mimi Romanelli waren jedoch Rilkes produktivste Zeit in Venedig. Nach diesem Aufenthalt schrieb er die Gedichte »San Marco«, »Spätherbst in Venedig«, »Ein Doge«, »Venezianischer Morgen« – Solitäre in der Venedig-Literatur. Alle dichtete er in gebührendem Abstand von Venedig und von Mimi Monate später, im Frühling und Sommer 1908, auf Capri und in Paris. Keines dieser Gedichte schickte er ihr, keines enthält eine Widmung für sie. Nirgends gibt es in Rilkes Werk einen direkten Verweis auf seine venezianische Geliebte.

Der längst verstorbenen Dichterin Gaspara Stampa setzte er hingegen ein Denkmal in zweien seiner wichtigsten Werke: In seinem Roman »Die Aufzeichnungen des Malte Laurids Brigge« preist er die Künstlerin als eine der »gewaltigen Liebenden«[31], in den »Duineser Elegien« wird Gaspara Stampa sogar zu einer Art Leitfigur für den Dichter: In einer berühmten Sequenz der ersten Elegie heißt es:

»Hast du der Gaspara Stampa
denn genügend gedacht, daß irgend ein Mädchen,
dem der Geliebte entging, am gesteigerten Beispiel
dieser Liebenden fühlt: daß ich würde wie sie?
Sollen nicht endlich uns diese ältesten Schmerzen
fruchtbarer werden? Ist es nicht Zeit, daß wir liebend
uns vom Geliebten befrein und es bebend bestehn:
wie der Pfeil die Sehne besteht, um gesammelt im Absprung
mehr zu sein als er selbst. Denn Bleiben ist nirgends.«[32]

Zattere, Ponte Calcina 775

Rilkes längster Aufenthalt in Venedig dauerte vom Mai bis September 1912. Rilke wohnte zunächst wieder auf den *Zattere*, allerdings ein Stück weiter östlich vom Romanelli-Haus. Wie vor fünf Jahren im November 1907 hatte er kein Geld und steckte in einer großen Arbeitskrise – diesmal nicht mitten im »Malte«, sondern nach Abschluss seines großen Romans und der beiden ersten »Duineser Elegien«. Wie damals erhoffte er sich Inspiration von der Lagunenstadt. Marie von Thurn und Taxis hatte ihm ihre Wohnung in Venedig angeboten. Das lehnte er zunächst ab, allzu lange hatte er ihre Gastfreundschaft auf Schloss Duino genossen. Doch die Wohnungssuche gestaltete sich schwierig: »Meine Hoffnung, in einem Palazzo etwas zu finden, ging täglich zurück, die Amerikaner haben einen Maßstab der Preise eingeführt, an den nichts mehr heranreicht als sie selbst.«[33] Schließlich mietete er wieder ein billiges Privatzimmer, auf den *Zattere, Ponte Calcina 775*. Hier wohnte er vom 9. Mai bis 1. Juni 1912 bei Hausleuten, »die sehr aufmerksam für mich sind«, in einem »möblierten Zimmer, an dem nur die Aussicht überzeugend war«.[34] Für die Fürstin beschönigt er: »Mein Zimmer wird mir vielleicht noch ganz lieb werden, ich lebe viel von der Aussicht, die, am frühesten Morgen besonders, von schöner Ordnung und Weite ist.«[35] Die beliebte Pension *Calcina*, die heute diese Adresse hat, wirbt damit, dass Rilke von hier aus Briefe schrieb.

Seitenweg: Die Kirche Gesuati

Wenn ihm in seinem möblierten Zimmerchen die Decke auf den Kopf fiel, flüchtete Rilke manchmal in die *Gesuati*-Kirche ganz in der Nähe auf den *Zattere*. Berühmt ist die Ordenskirche aus dem 18. Jahrhundert vor allem für ihre kostbare Rokoko-Innendekoration. Doch es war nicht die Kunst allein, die Rilke interessierte: »Ich sehne mich nach einer Art Ruhe, gestern abend kam ich ein wenig dazu, bei den Gesuati erzählte ein Pater vom heiligen Andrea Corsini, in den Bänken um mich saßen die Mädchen und Frauen aus meiner Nachbarschaft, ließen sichs sagen, ich mit, – das war irgendwie in der Ordnung.«[36] An die Fürstin schickte er eine seiner wenigen Ansichtskarten (Rilke hasste Postkarten, lieber nahm er sein eigenes oder kostbares Hotel-Briefpapier). Text und Bild geben Rilkes Stimmung wieder: Die Karte zeigt einen Ausschnitt aus einem Altarbild Giambattista Tiepolos von 1748 mit den Hausheiligen des Ordens: Katherina von Siena und Rosa von Lima, mit dem Jesuskind im Arm. Zwei Frauen, die sich um einen Knaben kümmern. Rilkes Text schließt: »Tausend Grüße, ich bin recht traurig verwaist vor der Hand.«[37]

Palazzo Valmarana

Ein paar Wochen hielt der Dichter es in seiner selbstgewählten Einfach-Unterkunft aus, aber bald wurde es heißer und ungemütlicher, schließlich machte Rilke selbst der Fürstin den Vorschlag, doch in ihre Wohnung umzusiedeln: »Fürstin, im Juny, wenn ich wirklich noch hier bleibe und es läßt sich so machen, geh ich vielleicht doch noch in Ihr *Mezza*-

Palazzo Valmarana, noble Privatunterkunft des Dichters
im Sommer 1912 und 1920

nino für ein paar Wochen und richte mich *à la Tagliamento* in dem riesigen Bett ein; dort könnt ich dann wirklich viel zuhause sein, und es ist kühler als mein jetziges Zimmer.«[38]

Die Fürstin ging gern darauf ein, die lebenskluge Frau hatte trotz Rilkes Schönrednerei sein Zimmer von Anfang an für »wenig bequem« gehalten. »Glücklich, etwas zu seinem Wohlergehen beitragen zu können, beeilte ich mich, ihm mein kleines Heim zur Verfügung zu stellen. Es blickte auf einen Kanal, der in den Canal Grande mündete, und man hatte eine herrliche Aussicht auf den Palazzo Corner und auf Sta. Maria del Salute. (...) Er freute sich sehr über sein echtvenezianisches Mezzanino: es war wirklich sehr hübsch und anheimelnd, wenn auch etwas eng.«[39]

Den *Palazzo Valmarana* (heute *Cini-Loredan* nach dem letzten und ersten Besitzer) erreicht man schnell. Dreihundert Meter am Kanal *Rio San Vio* entlang – und man sieht den hochherrschaftlichen Palast. Er liegt im gleichen Stadtteil wie die *Zattere*, in *Dorsoduro*, aber auf der Prunkseite: zum *Canal Grande* hin. Auf dieser Seite stehen viele vornehme große Paläste, die Wohngegend war im 19. Jahrhundert beliebt bei begüterten Fremden, vor allem Engländern. Ganz in der Nähe an der Akademie-Brücke liegt Venedigs berühmtestes Museum, die *Gallerie dell'Accademia*. Ein guter Orientierungspunkt, um von dort aus den Palast zu finden. Das fand jedenfalls Rilke, der verschiedenen Besuchern, u. a. André Gide, den Weg beschrieb: »Der Palazzo Valmarana (nicht zu verwechseln mit dem gleichnamigen am Gran' Canal) heißt Palazzo Valmarana à San Vio und ist zu Fuß von der Brücke der ›Accadémia‹ aus zu erreichen, indem man links am Akademie-Gebäude vorübergeht und dann in die erste Seitenstraße, wieder links, abbiegt. Das letzte Thor, an der linken Seite dieser Straße vor dem ›Campo‹ (San Vio) ist der Eingang des Palazzo Valmarana.«[40] Die Wegbeschreibung trifft noch heute zu. Die Hauptfassade des Renaissancebaus zeigt zum *Campo San Vio* hin, das ist auch der beste Platz, um das Gebäude zu betrachten.

Der Palast gehörte nicht der Familie von Thurn und Taxis, die Fürstin hatte darin nur eine kleinere Wohnung gemietet, ihr sogenanntes *Mezzanin*, eine Besonderheit venezianischer Paläste. Ursprünglich waren die prachtvollen Bauten Wohn- und Handelshaus in einem. In der Mitte eine zentrale hohe Eingangshalle, der *Portego*, darüber das ebenfalls sehr hohe *Piano nobile* mit den Wohnräumen der Aristokraten und repräsentativen Salons. Im Erdgeschoss lagerten einst die Waren. Seit dem 16. Jahrhundert wurden diese bis zu sechs Metern hohen Räume seitlich vom Eingang häufig in zwei Etagen unterteilt. Ein solches Halbstockwerk oder Zwischengeschoss heißt *Mezzanin* (von *mezzo* = halb). In den *Mezzanini* waren zuerst Arbeitsräume untergebracht, Kontore, Archive, Büros, später wurden sie dann gern an vermögende Touristen vermietet. Von außen zu erkennen ist ein *Mezzanin* an den kleineren rechteckigen, runden oder elliptischen Fenstern. Es gab also weniger Licht, und die Räume waren nicht so hoch wie die herrschaftlichen Säle des *Piano nobile*. Aber laut Rilke dafür besonders charmant: »Dieser charme der venezianischen Mezzanini: nirgends können niedrige Räume so groß sein, so weit, so harmonisch in den Proportionen (: denn alles Weite, wie im Leben, im inneren auch, ist zuletzt Proportionsfrage –) als ob sie sich aus Überfluß die Einschränkung, niedrig zu sein, selbst auferlegt hätten.«[41]

Am 1. Juni 1912 zog Rilke in den Palazzo ein: »Samstag, herzklopfig, ein bischen so wie es sein wird wenn man in die Seeligkeit kommt«[42] – so schön konnte sich der Dichter bedanken. Wie die Wohnung eingerichtet war, ist von der Fürstin selbst überliefert: »Jedes Möbelstück hatte ich selbst ausgesucht. Es gab eine Menge von Aquarellen, Pastellen und Stichen, wie wir beide sie liebten. Eine kleine Bibliothek – etwa sechzig in weißes Leder gebundene Bände einer ›Antologia di letteratura italiana‹ vom Ende des 18. Jahrhunderts – bot dem Dichter genug interessante und ihm zum großen Teil unbekannte Lektüre.«[43]

Rilke veränderte bei seinem Einzug nicht viel, aber Entscheidendes. Zuerst eine dekorative Maßnahme. Das Geld, das er durch die Miete einsparte, verwendete er für Blumen: »Die Pendüle geht und die Rosen sind schon eingewöhnt; auf dem kleinen Balkon des Vorsaals hab ich Hortensien installiert und Epheu, der vom Gesims hinunterhängt.«[44] Auch die Wohnung selbst schmückte er: »Immer waren nur ganz wenige Dinge um ihn, aber immer leuchteten Blumen in einer Vase oder Schale, vielleicht geschenkt von Frauen, vielleicht von ihm selber zärtlich heimgebracht.«[45] In Venedig waren es Rosen, den ganzen Sommer lang »in silbernen Schalen, nie ließ ich sie ausgehen (...) – wenn niemand mehr Rosen hatte (und sie werden selten in den venezianischen Sommern), bei mir waren sie, als könnten sie's nicht lassen«.[46] Die meisten Blumen kamen aus dem alten Garten der Prinzessin Titi im Palazzo Bembo, einem der berühmtesten venezianischen Paläste.[47]

Doch Rilke schmückte die Wohnung nicht nur, er rückte auch Möbel um. Diese Änderung erklärte er der Fürstin gegenüber ebenso leichthändig wie elegant, obwohl sie von grundsätzlicher Natur war: »Ich verschiebe nichts, nur den kleinen Sekretär stell ich fort in Ihr Schlafzimmer, da er für einen ausdauernden Schreiberich zu momentan ist, und

Bei jedem Besuch hatte Rilke sie im Blick: Santa Maria della Salute, Venedigs bedeutendste Barockkirche.

mache dort an den zwei Fenstern der Ecke meinen Schreibplatz.«[48] Der Vorgang wiederholt sich auch bei späteren Besuchen. 1920 schreibt er, wieder aus dem Palazzo Valmarana: »Die Fürstin hat nur ein kleines, allerdings sehr reizendes Pult hier stehen, auf dessen koketter Natur meine Schreibarme keine aufnehmliche Unterlage finden. Dieses gekränkte Möbelchen hab ich, gleich im Eintreten, mit der Gigia hinausgeschafft.«[49] Eine entscheidende Handlung: Rilke verwandelt die dekorative (aber nutzlose) Aristokratenwohnung in eine Arbeitswohnung, in seine Dichterwerkstatt. Nachdem er den Sekretär der Fürstin so elegant entsorgt hatte, kaufte er einen eigenen Louis-Seize-Tisch, auch stilvoll, aber *second hand*: »Im Ghetto hab ich einen passenden alten kleinen Schreibtisch gefunden, der an Stelle Ihres kleinen Sekretärs steht, nur mit dem Blick auf das südliche Fenster zugekehrt, und der Tischler der *Casetta rossa* hat mir ein vortreffliches Stehpult gezimmert, das nicht stört, das schönste übrigens von allen meinen europäischen Stehpulten.«[50] Trotz der beschwichtigenden Formulierung (»das nicht stört«) wird der Anspruch des Dichters klar: Hier wird gearbeitet. Ernsthaft. Die diversen Handwerksvokabeln unterstreichen diesen Eindruck.

Rilke besaß nie eigene Möbel (nur bei seiner Eheschließung in Worpswede entwarf er mit Heinrich Vogeler eine Einrichtung), aber sonst hatte er nie ein Bett, nie einen Herd oder einen Kleiderschrank. Er kaufte nur, was er zum Arbeiten brauchte: Bücher, Schreibtische und Stehpulte. Der Arbeitsplatz war sein Zentrum, sein Heiligtum: »Immer leuchteten Bücher an der Wand«, schreibt Stefan Zweig, »schön gebunden oder in Papier sorgsam eingeschlagen, denn er liebte Bücher wie stumme Tiere. Auf dem Schreibtisch lagen die Bleistifte und Federn in kerzengerader Linie, die Bogen des unbeschriebenen Papiers zu einem Rechteck gereiht; eine russische Ikone, ein katholisches Kruzifix, die ihn, glaube ich, auf allen seinen Reisen begleitet haben, gaben der Arbeitsstelle einen leicht religiösen Charakter, obwohl seine Religiosität an kein bestimmtes Dogma gebunden war.«[51]

Doch schon in der ersten Zeit kam Rilke in seiner neuen Wahlheimat kaum zum Arbeiten. Die Fürstin hatte ihn bereits in die venezianische Gesellschaft eingeführt. Jetzt besuchte er auch allein Empfänge und Soireen und fühlte sich so wohl in seiner neuen Umgebung, dass er selbst zum Gastgeber wurde: »Die schönen Umstände erlauben mir auch, gelegentlich Menschen zum Thee zu haben; meine ersten Gäste waren die Gräfin Valmarana mit der Contessina, ihre Schwester Gräfin Cittadella und eine Baronesse Riceasoli aus Florenz – ein anderer Thee: Gräfin Robilant-Mocenigo, Gräfin Amélie Lippe-Pallavicini samt Contesse ... Nächstens kommt ein englischer Thee an die Reihe, zu dem ich englische Bekannte auffordern will«[52], berichtet er stolz seiner Mutter. Zu den geplanten Tee-Nachmittagen kam es zwar nicht mehr, dafür wurde er umso häufiger von seinen Nachbarinnen eingeladen. Das waren die Besitzerinnen des Palastes und aus ältestem Adel: Mutter, die Gräfin Giustina Valmarana, und Tochter Agapia Arpalice, kurz Contessina Pia genannt, bewohnten das *piano nobile* über ihm. Fast jeden Abend war Rilke zu Gast »in dem hohen mittleren Saal bei den Valmarana's –, die Nacht vor den drei weitoffenen Bogenthüren«.[53]

Obwohl Contessina Pia »sehr en beauté« war, wie die Fürstin bemerkte, verliebte Rilke sich ausnahmsweise nicht in sie. Ihm gefiel eine andere Rolle: »Das war ein Sommer in Venedig (dort bin ich viel, eine der Familien lebt dort,

Beste Lage am Canal Grande: rechts vorne Palazzo Valmarana, dahinter hell erleuchtet der Campo San Vio

eine altvenezianische, in der ich ein klein wenig Kind vom Hause sein darf gelegentlich).«[54] Eine sehr beständige Freundschaft entwickelte sich, die über ein Jahrzehnt hielt, mit vielen kleinen Ritualen. Die Contessina schickte Rilke zum Jahreswechsel immer Kalender, Rilke versorgte die beiden Damen mit Lektüre und begründete eine von ihm so genannte »Buchtradition«: Er schenkte ihnen seine eigenen Werke und lieh ihnen Bücher, die er schätzte, wie z. B. eine besonders schöne Ausgabe mit Sonetten von Gaspara Stampa. Als er sich 1921 entschloss, diese Gedichte zu übertragen, bat er Pia um Rückgabe. 1923, 1924 wiederholte er seine Bitte, das Buch erhielt er nicht zurück – die einzige Trübung in diesem Verhältnis. Übersetzte Rilke aus diesem Grund die Verse der Gaspara Stampa schließlich doch nicht?

Eine Störung in dieser Adels- und Wohnidylle gab es jedoch: den »höllischen« Lärm auf dem kleinen *Campo San Vio* vor dem Palast. Geräusche beeinträchtigten Rilke empfindlich in seiner Konzentration. Wenn der Dichter sich richtig ärgerte, klang das so: »Vom Mezzanino aus kann ich den Nachtbeginn und die Nacht schlecht erleben, sein alter Übelstand, der Kinderlärm auf dem Platz davor, wächst in den Abendstunden zu einem déchirement ohne Gleichen an und dauert nach den heißen Tagen weit in die Nacht hinein. Um in Venedig still zu wohnen, darf man keinen ›Campo‹ in der Nähe haben, denn auf jeder Stelle Boden giebt es Kinder en masse und überdies Wirtschaften, in denen das Volk, alle gleichzeitig schreiend, es den Kindern gleichzuthun versucht.«[55] In guter Stimmung formulierte Rilke atmosphärisch dichte poetische Miniaturen wie diese: »Und daß draußen die transparenten Klänge schwingen, die dazu gehören, Vogellaute, Kinderstimmen, Liedstücke plötzlich aufkommend und mit plötzlicher Bruchstelle, Hammerschläge auf Eisen, geschlagene Teppiche und die dürren Schläge, die es giebt, wenn man auf einem marmornen Landepflock den Stockfisch mürbe klopft. Dazwischen ein Hebeln am Brunnen, Schritte über den Ponte San Vio –, durchaus keine Stille, *nie*, aber lauter Muster ins Gehör.«[56]

All diese Geräusche hören wir heute nicht mehr, der Campo San Vio gehört zu den stillen Plätzen der Stadt. Das Mezzanin der Fürstin ist auch nicht zu besichtigen, Rilkes Schreibutensilien sind verschollen. Aber wir können immerhin die Räume sehen, in denen Rilke so oft die Gastfreundschaft der Gräfinnen Valmarana genoss. Seit April 2015 ist hier die private Kunstkollektion von Vittorio Cini zu sehen, der nach dem Ersten Weltkrieg den Palazzo gekauft hatte. Eine kleine, aber exquisite Sammlung von Renaissancekunst aus der Toskana und Ferrara – u. a. von Filippo Lippi, Fra Angelico und Botticelli. Rilke selbst hätte sie sicher besucht. Besonders schön: die zarte, in fast transparentes Hellblau gekleidete *Madonna col Bambino* von Piero della Francesca.

Für Rilke-Fans sind darüber hinaus auch die Räume selbst interessant. Riesig der einstige Repräsentationssaal mit einem enormen Esstisch. Die Möbel gehörten dem Großindustriellen Cini, der hier mit seiner ersten Ehefrau, dem Stummfilmstar Lydia Borelli, wohnte. Die Wandbespannung mit braunem Brokat scheint allerdings älter zu sein. Obwohl alles etwas düster wirkt – zumal die von Rilke beschriebenen »Bogenthüren« aus Schutz für die Kunstwerke nicht geöffnet sind –, können wir uns doch besser vorstellen, in welchem stilvollen Ambiente Rilke hier mit den Damen Valmarana Tee trank.

Der Aufenthalt im Mezzanin der Fürstin war für Rilke der längste und komfortabelste in Venedig, ganz so, wie er es sich immer gewünscht hatte: Er wohnte bequem, hatte einen Arbeitsplatz und eine Art Heimat. Hier lebte er vom 1. Juni bis 11. September 1912, einige Tage im Jahr 1914, zuletzt vom 22. Juni bis zum 13. Juli 1920. Bestens versorgt wurde er von Haushälterin Gigia, die ihn ironisch-liebevoll nur »quel poeta Maria« nannte, aber alles tat, was er wollte. Umhätschelt von den Damen Valmarana, von der Fürstin selbst in Venedigs Gesellschaft eingeführt – ideale Bedingungen also fürs Dichten? Mitnichten. Rilkes künstlerische Bilanz seines venezianischen Sommers im Jahr 1912 ist bitter: »Die guten genereusen Asyle, wie Duino eines war und gleich darauf Venedig, haben mir nicht weit geholfen«, schreibt er an Lou Andreas-Salomé, »auch kosten diese so besonders gestalteten Umgebungen jedes Mal zu viel Anpassung, sie haben ihr Dasein in so vielfachen fremden Bedingungen, und wenn man schließlich soweit ist, dazuzugehören, so ist eben nur die Lüge fertig, daß man dazu gehört. Bis in den Herbst hinein war ich in Venedig, durch liebe freundliche Beziehungen unterhalten, aber im Grunde doch, von Tag zu Tag, von Woche zu Woche bleibend, weil ich nicht wußte wohin.«[57]

Rilke gelang in dieser schönen Wohnung, die er so praktisch eingerichtet hatte, kein großes Werk. In seiner Schreib- und Lebenskrise nach Abschluss der »Aufzeichnungen des Malte Laurids Brigge« 1910 halfen die besten äußeren Bedingungen nicht. Dafür schrieb der Dichter hier einige seiner poetischsten Venedig-Briefe, die uns seinen venezianischen Alltag, die Stadt zu Beginn des letzten Jahrhunderts und den Künstler selbst näherbringen.

Doch ihm selbst waren Briefe nicht genug. Seine Enttäuschung verrät eine bemerkenswerte falsche Erinnerung an diese Zeit im Jahr 1920: »Ich selbst hatte im Jahre 13, in der langen Zeit meines hier-Wohnens ein paar Kleinigkeiten zugetragen, wie es die Fügung brachte, – ein paar Gläser, eine kleine italieänische Bibliothek in gleichmäßigen Einbänden des Dix-huitième, ja sogar den Schreibtisch, an dem ich Ihnen schreibe.«[58] Alles stimmt, bis auf die Jahreszahl (es war 1912) und die Kleinigkeit der Bibliothek. Diese Bibliothek war nicht sein Geschenk an die Fürstin, sie gehörte ihr immer schon. Dass Rilke meinte, er habe ihr die »Kleinigkeit« von immerhin sechzig Bänden geschenkt, alle in einheitlichem Einband, war eher seinem Wunsch geschuldet, der Fürstin ein großes und noch dazu geschlossenes Werk zu vermachen – also genau das, was er in Venedig seiner Mäzenin nicht liefern konnte.

Extra: Antica Locanda Montin

Wo kann man in Venedig gut essen, statt als Tourist mit dem Üblichen abgespeist zu werden? Mit diesem Problem quälte sich auch schon Rilke herum: »Ich habe die Dummheit gemacht«, schrieb er im Mai 1912 an Marie von Thurn und Taxis, »die erste Zeit viel herumzulaufen, immer unter den Fremden, das hat zu einer Art Verzweifelung geführt, auch kann ich keinen Ort finden, wo man mir vernünftig zu essen giebt, die Gemüse sind überall unmöglich und die Nebentische gehen mir auf den Appetit und übersättigen mich durch die Ohren mit deutschen Brocken.«[59] Ein passendes Restaurant zu finden war für Rilke, den es (wie Stefan Zweig schreibt) auf Stunden verstörte, »in einem lärmenden Lokal zu sitzen«[60], gleich doppelt schwer. Denn

Rilke war Vegetarier. Kein leichtes Los in Italien. Aber an dieser Art des Essens hielt er fest, seit er Lou Andreas-Salomé kennengelernt hatte. In ihrem ersten gemeinsamen Sommer 1897 in Wolfratshausen bei München hatte Rilke auf Lous Anregung hin vieles in seinem Leben verändert. Er wechselte nicht nur den Vornamen – aus René wurde Rainer – und die Handschrift (Lou übte mit ihm so lange, bis aus seiner nervösen Schülerschrift eine gepflegte Kunstschrift wurde), er veränderte auch seinen ganzen Lebensstil. Bescheidener und natürlicher wollte er leben, ganz im Sinne der Lebensreformbewegung, die damals unter Künstlern und Intellektuellen Mode war. Dazu gehörte vor allem das Essen: Rilke aß keinen Fisch, Fleisch nur, wenn es nichts anderes gab, trank keinen Alkohol. Er betrieb sein Vegetariertum sehr konsequent, als er z. B. längere Zeit in Rom wohnte, kochte er meist selbst »Grütze, Eier, Gemüse-Konserven und Milch«[61], Konserven ließ er sich sogar von einer Lebensreform-Fabrik aus Hannover kommen.

War er zu Gast in Adelshäusern, nervte er die Dienerschaft mit seinen für die damalige Zeit extravaganten Wünschen. Von einem Besuch auf Schloss Duino berichtet die Fürstin: »Rilke wollte streng vegetarische Kost, er versprach sich davon eine seltsame Hebung seines ganzen Wesens, aber da er Fische verschmähte, fürchtete ich, daß die Nahrung völlig ungenügend wäre. Miß Greenham war verzweifelt.«[62] Doch Rilke konnte sie beruhigen: »Die Köchin war den ersten Tag fassungslos meinen vegetarischen Prätentionen gegenüber, nun kamen wir uns ein wenig entgegen, sie erholt sich schon und kommt wieder zu Künsten, heute war sie direkt erfinderisch.«[63]

In Venedig ging er, wenn er allein war, »alte Anhänglichkeit ausübend, oft ins Grand Hôtel zum Lunch, wo es still

Links das Hotel »Bauer-Grünwald«, bei Deutschen beliebt wegen seiner deftigen Küche. Rilke zog das noblere »Hotel de l'Europe« (rechts) vor.

und erholend ist und die menus etwas weniger robust sind als in den kräftigen kleinen Gasthäusern«.[64] Mit der Fürstin zusammen aber besuchte er auch häufiger einfache Lokale, denn sie scheint eine Vorliebe gerade für das Volkstümliche gehabt zu haben. Eine dieser damals einfachen Trattorien gibt es noch ganz in der Nähe des *Palazzo Valmarana*. Die *Antica Locanda Montin*, damals wie heute beliebt bei Künstlern. Modigliani kam hierher, Ezra Pound war regelmäßiger Gast, Luigi Nono auch. Und Rilke?

Am 23. Juni 1920, gleich am Tag nach seinem Einzug ins Mezzanin war er hier, allein: »Nur traurig ists, allein am langen Tisch bei Montin zu sitzen ...«[65] Ob ihm nur die Gesellschaft seiner mütterlichen Freundin fehlte, ob ihm das Essen gefiel oder nicht, ist leider nicht überliefert. Heute ist das Lokal immer noch ein bekanntes venezianisches Künstler- und Intellektuellen-Restaurant. Nicht billig, das Essen ist auch nicht herausragend. Aber man sitzt unter der wunderschönen schattigen Pergola, von der einst sogar d'Annunzio schwärmte.

Zweiter Spaziergang:
Durch Venedigs Bilderflut:
Die Gallerie dell'Accademia

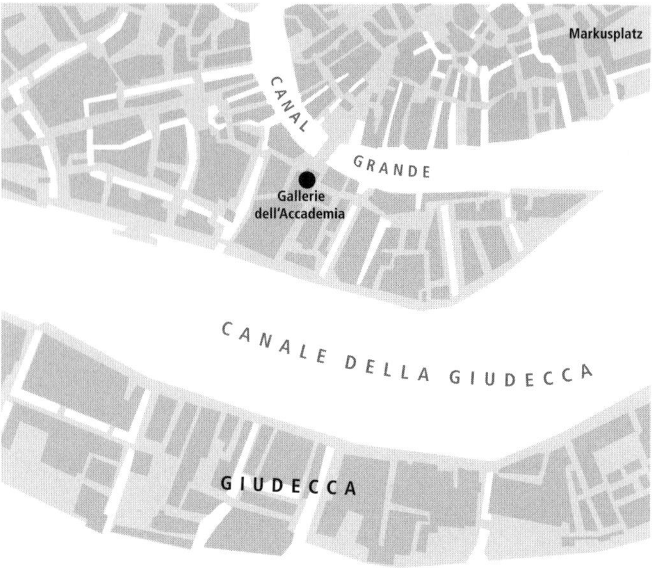
Markusplatz
CANAL
GRANDE
Gallerie dell'Accademia
CANALE DELLA GIUDECCA
GIUDECCA

Bester Ausgangspunkt für Kunstbetrachtungen mit Rilke sind die *Gallerie dell'Accademia*, die weltweit bedeutendste Sammlung venezianischer Malerei. Rilke besuchte sie oft, schon bei seiner ersten Venedigreise 1897 gehörte das Museum zum Pflichtprogramm. Damals studierte er Kunstgeschichte – neben Philosophie und Germanistik. Dennoch ging es ihm wie vielen anderen Touristen, die durch die Ausstellung hetzen, nur formulierte er es eleganter: »Von der Akademie (...) ist mir wie von jeder Kunst-Sammlung wenig bedeutsam im hellsten Licht der Erinnerung geblieben.«[66]

Zeit seines Lebens interessierte Rilke sich leidenschaftlich für Kunst, aber nicht in einer bildungsbürgerlichen Weise. Ein von Traditionen vorgegebener, unpersönlicher Zugang zur Kunst war ihm schon an der Universität nicht möglich. Rilke studierte immerhin sechs Semester, erst in Prag, dann in München, später in Berlin, und wollte bei Richard Muther, einem der renommiertesten Kunsthistoriker seiner Zeit, promovieren. Doch er brachte das Studium nicht zu Ende: »Universitäten haben mir ja bis jetzt jedesmal so wenig gegeben; in meinem Gefühl ist so viel Abwehr gegen ihre Art. Aber es liegt auch an meiner Ungeschicklichkeit, die nie und nirgends zu nehmen versteht (...).«[67]

Rilke gab zwar das Studium auf, nicht aber sein Interesse für die Kunst. Im Gegenteil. Wie kaum ein anderer Schriftsteller widmete er sich der bildenden Kunst. Ein antikes Grabrelief konnte ihn ebenso begeistern wie ein japanischer Holzschnitt, eine Madonna von Bellini, ein Picasso oder die Skulpturen Rodins, über den er eine Biographie verfasste. Sein besonderes Interesse galt der zeitgenössischen Kunst, früher als andere schätzte und bewunderte Rilke zum Beispiel die Modernität Cézannes. Er las alle kunstwissenschaftlichen Fachbücher, die ihm in die Hände fielen, auch die neuesten, und war durchaus auf der Höhe der Wissenschaft seiner Zeit. Rilke war ein akademisch gebildeter Kunstbetrachter mit unkonventionellem Blick. »Sehen lernen« wollte er, immer wieder neu, ohne Raster, ohne vorgegebene Bildungsabsicht.

Oft ließ er sich von Bildern zu Gedichten anregen. In der *Accademia* sollte man z. B. auf ein Bild von Tizian achten: »Mariae Tempelgang«, eines der Hauptwerke der Sammlung. Tizian malte es zwischen 1534 und 1539 für die *Scuola della Carità*, die älteste der großen venezianischen Bruderschaften. Da die *Accademia* in deren ehemaligen Räumen logiert, hängt es sogar noch an seinem ursprünglichen Ort. Zusammen mit einem Gemälde Tintorettos zum gleichen Sujet in der Kirche *Madonna dell'Orto* inspirierte das monumentale Gemälde Rilke zu einem seiner Gedichte im Zyklus »Das Marienleben« (siehe Spaziergang 6).

Von Rilke erhalten wir zwar keine detaillierten Informationen über Bilder, Jahreszahlen oder Stilrichtungen. Fragen wie die, »ob dieses Werk aus der Spätzeit eines Künstlers stammt oder ob in jenem die ›breite Manier seines Meisters‹ sich geltend macht«, interessierten den Dichter nicht.[68] Rilke präsentiert auch keinen systematisch-detaillierten Rundgang durch die *Accademia*, dazu war er zu oft abgelenkt: »Du weißt«, schrieb er einmal an seine Frau Clara, »wie ich auf Ausstellungen immer die Menschen, die herumgehen, so viel merkwürdiger finde als die Malereien.«[69]

Aber man erhält von Rilke eine Hilfestellung für einen Besuch des beeindruckenden Museums. Seine Hauptfrage an die Malerei war: Was sagen die Bilder über Venedig aus?

Rilke lenkt die Aufmerksamkeit auf die Darstellung der Stadt in der Kunst, in den Farben, in den Gegenständen, in der Komposition und in der Anmutung. Mit Rilke »liest« man Venedigs Geschichte in seinen Bildern, kann die Gemäldesammlung wie ein Bilderbuch der Geschichte der Lagunenstadt betrachten. Damit nahm der Dichter auch eine damals aktuelle Neuorientierung des Museums wahr. Direktor Giulio Cantalamessa hatte 1895 viele Gemälde aussortiert und die Sammlung stark auf venezianische Kunst konzentriert. Auch wenn einige dieser Bilder nicht mehr hier hängen – wie Tizians »Assunta« (vgl. Spaziergang 10) –, sehen wir heute im Wesentlichen die Kunstwerke, die auch Rilke anschaute.

Für Fräulein Gisela stellte Rilke dann sogar einen umfangreichen Leitfaden durch Venedigs Kunst zusammen, der mit einer Art Rundgang durch die *Accademia* beginnt und noch heute nützlich ist:

»Individuell-werden, das hieß einem dieser Maler: Venedig-werden. Venedig-sein bedeutete ihm: sich gefunden haben. Schon die frühen Bilder im ersten Saal der *Akademie* zeugen dafür, und dann geht diese Entwickelung weiter und führt zu Carpaccio (Akademie und Kirche: San Giorgio degli Schiavoni) und selbst der rätselhafte, tief innen verglühende Giorgione (so persönlich er anmuthet) ist mehr eine Entwickelung Venedigs als eine ablösbare Einzelgestalt. Tintoretto aber ist sein Äußerstes, sein Ruhm, sein Überfluß: Venedigs größtes Selbstbewußtsein, das in der Malerei zu sich kommt und alles Geschehen auf sich bezieht, hereinreißt, zu venetianischer Historie macht: bis auf die Kreuzigung (Kirche S. Cassiano), bis auf die Präsentation Mariens, die zu einer großartigen Staats-Handlung wird auf dem Fresko in der Kirche Madonna dell' Orto: ja bis zu

Eines der Lieblingsbilder Rilkes in der Accademia:
»Mariae Tempelgang« von Tizian (1534-1539)

dem jüngsten Gericht im Dogenpalast. Nur Tizian kommt auf diesem Wege noch *über* Venedig hinaus zu seinem einsamen gigantischen Selbst, in das sein großes Alter ihn einsetzt: aber so naiv war man daran gewöhnt, auch in diesem Riesigen nur eine Seite und eine Ausstrahlung venetianischen Wesens zu sehen, daß man ihm das Bild, mit dem er, über die Seele des Staates hinaus, in seine eigene tragische Seele vorgedrungen war: (die stürmische Annunziation in der Kirche S. Salvatore) kaum zuschreiben wollte, bis er im Trotz (der Neunundachtzigjährige) drunter schrieb: ›Titianus *fecit, fecit*‹: zweimal.

Aber schon die Maler der folgenden Zeit und vor allem die des achtzehnten Jahrhunderts kann man wieder nur danach einschätzen, wie sehr sie Venetianer waren; und sie waren es so sehr, daß in diesen Bildern der Tiepolo's (u. a. im Palazzo Labia), der Guardi's (Museo Correr und Pinacoteca Querini-Stampagna im gleichnamigen Palazzo hinter der schönen Kirche Santa Maria Formosa) und der Longhi's endlich (ebendort) nocheinmal das ganze Geheimnis Venedig's enthalten ist, so wie es sich zeigte in jenen Tagen, da es zuletzt angewendet wurde, aufgelöst im Leben und bewegt von ihm.

Deshalb helfen gerade diese Bilder (die malerisch wenig wichtigen z. B. in einem Zimmer des Palazzo Querini, die einheimische Aufzüge, Spiele und Gebräuche darstellen) zu verständiger Einsicht in das Wesen dieser Welt weil sie noch als ein Lebendiges vorführen, was wir innerlich wieder beleben müssen, um, hinter seiner Zersetzung, sein Dasein und Gesetz zu finden und zu begreifen.

Hat man ein paar Guardi's gesehen und da und dort eine Zeichnung oder ein kleines Bild von einem der Longhi's –: so wird man anders in die Gondel steigen, anders drin ruhen und sich vielleicht auch gerne dann und wann das verwöhnende Fahrzeug versagen, um die merkwürdigen kleinen Gassen kennen zu lernen, die einen so überraschend vor einen ›Campo‹ stellen (›Piazza‹ heißt nur der Marcus-Platz) und noch selber nicht wissen, wie sie jenseits weiter sollen, die kleinen Brücken, die, ohne Anlauf, mit leichtem Schwung die Canäle überspringen und den wunderlichen Brückenweg des Rialto und den Fischmarkt und die Erberie –, und die unerwarteten Veduten ins Freie, ins Weite, ins Strahlende, die sich dem Gehenden immer wieder aufthun –.«[70]

Dritter Spaziergang: Piazza, San Marco, Dogenpalast und ein Bild von Carpaccio im Museo Correr

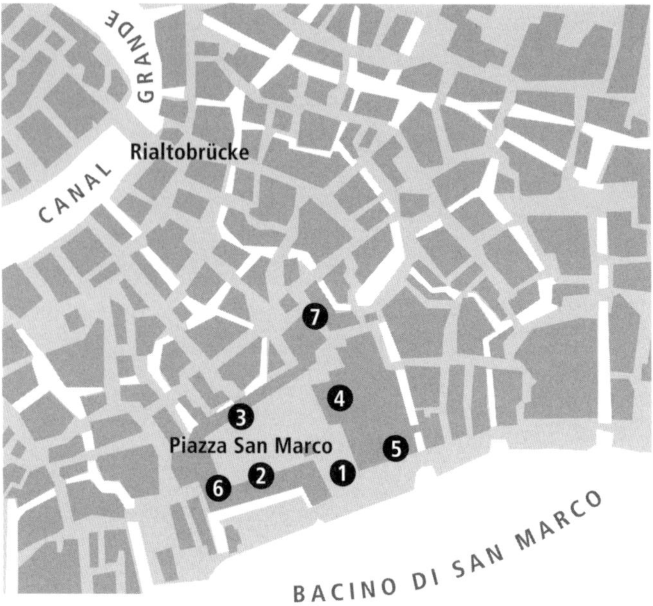

[1] Piazetta San Marco [2] Caffè Florian Nouve [3] Gran Caffè Quadri [4] Basilica di San Marco [5] Palazzo Ducale [6] Museo Civico Correr [7] Spadaria

Die Piazza

Piazza San Marco, ein einzigartiger Platz. Das fanden auch die Venezianer selbst, kein anderer Platz ihrer Stadt durfte sich »Piazza« nennen. Doch richtig genießen kann man ihn selten – wegen der Anderen, der anderen Touristen. Schon Rilke kannte dieses Problem. Vor lauter Ärger darüber gingen ihm sogar die schönen Worte flöten: »Die Fremden sind doch über Hand und, wehe, wenn man abends über den Marcusplatz kommt und sie alle angeleuchtet findet von den Glühlampen der Illuminierung; dieser stupide Superlativ von Licht vertreibt die letzten Züge aus ihren Gesichtern, sie sehen alle Ah-Ah-Ah aus.«[71]

Seit je hielten sich in Venedig viele Ausländer und Fremde auf: erst Kaufleute und Handelsreisende, im 16. und 17. Jahrhundert junge Adlige, die in der *Serenissima* ihre »Kavalierstour« durch die Höfe Europas begannen. Ab Mitte des 18. Jahrhunderts machten die betuchten Bürger auf ihren Bildungsreisen hier Station. Früh profitierte die Stadt von den Reisenden, schon im 18. Jahrhundert entwickelte sich eine regelrechte Tourismusindustrie. In den letzten Jahren der Republik hielt man sogar einmal den Tod des Dogen zwei Wochen lang geheim, um die Fremdensaison im Karneval nicht zu gefährden.

Um 1900 aber gab es eine qualitative Veränderung. Die Touristen wurden nun so zahlreich, dass sie das gesamte Stadtbild beherrschten. Venedig wurde die erste Hochburg des modernen Massentourismus in Europa. Politisch und wirtschaftlich längst bedeutungslos geworden, sicherte Venedig als erste europäische Stadt ihr Überleben durch den Fremdenverkehr. Für den modischen Badetourismus baute man bereits Mitte des 19. Jahrhunderts auf dem Lido Riesenhotels und elegante Strandanlagen. Der öffentliche Nahverkehr wurde modernisiert – ab 1883 setzte man auf allen wichtigen Strecken Dampfboote ein, die *Vaporetti.* 1902 verbanden zehn Linien in Abständen von fünf bis zehn Minuten die wichtigsten Orte der Stadt, zum Lido dauerte es nur zwölf Minuten. Das Souvenirgeschäft war bereits 1902 einer der stärksten Wirtschaftsfaktoren der Stadt.

In der Hauptsaison besetzten Touristen alle magischen Plätze, darunter viele Deutsche, meist den damals obligatorischen Baedeker in der Hand, der ihnen mit seinem berühmten Sternchenprinzip genau diese Sehenswürdigkeiten vorschrieb. Auch Rilke reiste bei seinem ersten Kurztrip nach Venedig im März 1897 mit dem Band »Italien. Erster Teil, Oberitalien«, 14. Auflage von 1894. Der Baedeker, Vorbild aller modernen Reiseführer, bot neben zahlreichen Informationen zu Hotels und Restaurants (auch diese mit Bewertungen) sogar Tipps, wie man sich vor betrügerischen *Gondolieri* schützen könne. Vor allem aber wurden praktische Routen vorgeschlagen: »Am Sonntag muß ich den Marcusthurm besteigen, den Dogenpalast erstürmen und die Kirche Redentore, die mich um Goethes Erwähnung willen sehr interessiert, beschauen. Kirchen gibts ja in der Bettelstadt genug. – Dann werd ich's aber genug sein lassen mit der Subordination gegen Baedecker (sic!), sondern mich darauf beschränken, das bunte Treiben der Canaletti wie ein Einheimischer möglichst träge zu bestaunen und viel lieber irgendwo im Herzen der Venezia die ersten Abendsterne über den hohen Kuppeln erwarten, als mich in den Sternchen des rechthaberischen Handbuches zu verlieren.«[72]

Rilke lästerte noch oft über andere Touristen und ärgerte sich über sie, aber den Markusplatz hielt er trotzdem für unverzichtbar: »Die Piazza – glaub ich –, die Piazetta, und weiterhin den hellen Quai der Riva, den Palast der Dogen und ihren Dom nebenan (...): alles dieses, obwohl es Gemeingut ist in jedem Augenblick, kann man trotzdem unmittelbar und ungestört empfinden und an sich nehmen: so intensiv ist es in seinem unbeirrten Dasein, so weit, so festlich und von so großgefaßter Gültigkeit, daß jeder daran seinen persönlichen Antheil haben kann.«[73]

Er selbst schätzte den Markusplatz noch aus anderen Gründen. Denn hier traf sich die Society, im *Caffè Florian* oder im *Quadri.* »Auf dem Markusplatz sah ich vor zwei Stunden Frau von Waldenburg, Ihren Bruder und Pascha und begleitete sie bis an die Casetta Rossa; der Prinz Hohenlohe sieht sehr frisch aus und kam mir munterer vor als seit lange.«[74] Manchmal besuchte Rilke den Markusplatz, gerade weil dort so viele Menschen waren: »So bin ich abends meist noch auf der ›Piazza‹, wo man im allgemeinen Gedräng Ungestörtheit hat und über der Lagune und der still glänzenden Façade von S. Giorgio Maggiore das Schauspiel des Mondes abwarten mag.«[75] Still war es allerdings nicht an allen Tagen oder erst sehr spät: Sonntags, montags, mittwochs und freitags von 20.30 bis 22.30 Uhr gab es regelmäßig Konzerte mit Militärmusik.

Basilika San Marco

»Das tollste, was Sie denken können. Bunt in Stil und Farbe. – Mächtige Mosaiken unter breitgewölbten Bogen wie bedeutende Augen unter ernsten Brauen. Darüber heitere, fast übermüthige Thürmchen, drohende Säulenkapitäle und versöhnte, greise Kuppeln. – Das Alles mit einer gewissen Einbildung und Selbstbewußtheit. Und das Innere erst: ein

Piazza San Marco: »so weit, so festlich und von so großgefaßter Gültigkeit«

offizieller Empfangssaal des Venezianergottes. – Das ganze Gotteshaus ein vornehmes Antichambrieren, hinter dem kunstvollen Lettner der eigentliche ›Salon‹. Die violetten Domherrn dort in bequemen Chorstühlen in gewohnter, gemächlicher Unterhaltung mit dem wunderlichen Hausherrn. – Das Volk im Kuppelraum halb gleichgültig, halb verschlafen, wenig Beter, und die Wenigen posiert.«[76] Diese Passage stammt aus dem ersten Brief Rilkes aus Venedig an Nora Goudstikker am 28. März 1897, »spät nachts am ersten Tag der vielen Gesichte«. Etwas wirr, aber nicht schlecht für einen ersten Eindruck, diese Skizze über die Markusbasilika. Und doch kein Vergleich zu seinem Gedicht »San Marco« zehn Jahre später:

San Marco

Venedig

In diesem Innern, das wie ausgehöhlt
sich wölbt und wendet in den goldnen Smalten,
rundkantig, glatt, mit Köstlichkeit geölt,
ward dieses Staates Dunkelheit gehalten

und heimlich aufgehäuft, als Gleichgewicht
des Lichtes, das in allen seinen Dingen
sich so vermehrte, daß sie fast vergingen –.
Und plötzlich zweifelst du: vergehn sie nicht?

und drängst zurück die harte Galerie,
die, wie ein Gang im Bergwerk, nah am Glanz
der Wölbung hängt; und du erkennst die heile

Helle des Ausblicks: aber irgendwie
wehmütig messend ihre müde Weile
am nahen Überstehn des Viergespanns.[77]

Der »Meister des wie in erlauchter Goldschmiedekunst gehämmerten Worts«, wie Stefan Zweig den Dichter einmal nannte[78], erweist sich mit diesem Gedicht als raffinierter Worthandwerker. In der Kostbarkeit der Sprache vollzieht das Gedicht die Kostbarkeit der Kirche sprachlich nach. Und – darauf hat Eckart Peterich, der große Italienkenner und Reisebuchautor, hingewiesen – Rilke charakterisiert poetisch außerordentlich präzise die architektonischen und künstlerischen Besonderheiten von *San Marco*. Die christliche Kirche erinnert an ein orientalisches Gotteshaus, kein Zufall, Vorbild war die *Hagia Sophia* in Konstantinopel. Viele Stilelemente sind byzantinisch, aber auf eine besondere Weise kombiniert. Peterich beschreibt die Kirche, ganz an Rilke orientiert: »Byzantinisch ist neben dem Mosaikenschmuck vor allem das Höhlenartige des Baus, das Abrunden aller Kanten, das Weiche, Wellige, die Leidenschaft für Wölbungen, das Auflösen aller architektonischen Formen ins Malerische: in goldnes Licht und gläserne Farben, wie Rilke das beschreibt:

In diesem Innern, das wie ausgehöhlt
sich wölbt und wendet in den goldnen Smalten,
rundkantig, glatt, mit Köstlichkeit geölt,
ward dieses Staates Dunkelheit gehalten
und heimlich aufgehäuft …

Zu dieser Auflösung trägt auch die Verwendung der verschiedenartigsten Baustoffe und Bauformen bei: alle Arten

Architektur als Demonstration politischer Macht:
»Maske des Staates« nannte Rilke die Front des Dogenpalastes.

von Marmor, in allen Farben und Maserungen, blutender Porphyr, durchscheinender Alabaster, glimmernder Granit; Kapitäle aller Zeiten und in allen Formen; Bronze, Messing, Juwelen; Marmor- und Glasflußmosaik.«[79]

Die Kirche ist ein Stil- und Materialmix, doch alle Vielfalt diente einem einzigen Ziel: *San Marco* war nie nur ein Gotteshaus, sondern sollte vor allem die weltliche Macht des Staates zeigen. Deshalb schmückten die Venezianer die Basilika mit den schönsten und kostbarsten Teilen, die sie auf ihren Raubzügen erbeutet hatten: Die ganze Kirche ist ein riesiges Sammelsurium von Diebesgut aus Orient und Okzident. Die kostbarste und symbolträchtigste Beute kommt auch in Rilkes Gedicht vor: das Viergespann. Es sind die ältesten noch erhaltenen antiken Pferdeskulpturen. 1204 hatten die Venezianer sie bei ihrer Plünderung Konstantinopels erobert. Diese wertvolle Plastik brachten die Venezianer nicht etwa am Regierungssitz an, sondern an einer Kirche, triumphal in der Mitte der Fassade über dem Hauptportal von *San Marco*. Die Quadriga symbolisiert das wichtigste Ereignis der Geschichte Venedigs: den Sieg über die Byzantiner, der zur Gründung eines Kolonialreichs im Orient und damit zum Aufstieg Venedigs zu einer Großmacht führte.

Das Pferdegespann, das Napoleon zwischendurch einmal nach Paris verschleppte, ist heute als Kopie an der Fassade zu bewundern – am besten von der Terrasse der Kirche aus. Die Originalpferde aus vergoldeter Bronze befinden sich im Museum der Basilika.

Einen Teil der 4000 Quadratmeter Mosaiken, die Rilke in seinem Gedicht so glänzend schildert, kann man von der Galerie aus der Nähe betrachten – Rilke selbst hatte es getan, jedenfalls gab er Gisela von der Heydt diesen Tipp: »Es ist rathsam, einmal die oberen Galerien in S. Marco zu besteigen« – von wo aus man »dieses Bergwerk« betrachten könne, »darin die Wölbungen wie die Bruchflächen herausgeförderten Goldes scheinen«.[80] Ein schönes Beispiel dafür, wie Rilke Formulierungen seiner Gedichte vorher in einem Brief ausprobierte. An Fräulein Gisela schrieb er am 24. März 1908 auf Capri, das Gedicht »San Marco« entstand erst einige Wochen später in Paris.

Der Dogenpalast

»Neulich kam mir eine wunderbare Auslegung für die Fronte des Palazzo Ducale: sie stelle die ›Maske des Staates‹ dar: sieht man sie so, so bekommt die Geschlossenheit zwischen den Fenstern und das Arkadengeflecht der zwei unteren Stockwerke, das der von dem oberen Masken-Gesicht herabhängenden Spitze entspräche, eine unheimlich wirksame Bedeutung, und ob sie gleich aus einem viel späteren Venedig dem älteren Bau aufgedrängt ist, sie möchte immer für dieses Staates Haltung, für die Anonymität seiner Herrschaft, gültig gewesen sein.«[81] Ästhetik war in Venedig nie Selbstzweck. Im Dogenpalast wurde das Regierungsprinzip der *Serenissima*, das den Staat über alles stellte, Architektur. Wie Regieren *à la veneziana* funktionierte, welche Rolle der Doge dabei spielte, welche Macht der Staat hatte, und wie sich das in der Architektur auch im Inneren des Gebäudes zeigte, kann man genauer in einem Gedicht Rilkes lesen. »Ein Doge« bezieht sich zwar nicht explizit auf einen konkreten Ort, doch der implizite Schauplatz ist der *Palazzo Ducale*.

Ein Doge

Fremde Gesandte sahen, wie sie geizten
mit ihm und allem was er tat;
während sie ihn zu seiner Größe reizten,
umstellten sie das goldene Dogat

mit Spähern und Beschränkern immer mehr,
bange, daß nicht die Macht sie überfällt,
die sie in ihm (so wie man Löwen hält)
vorsichtig nährten. Aber er,

im Schutze seiner halbverhängten Sinne,
ward dessen nicht gewahr und hielt nicht inne,
größer zu werden. Was die Signorie

in seinem Innern zu bezwingen glaubte,
bezwang er selbst. In seinem greisen Haupte
war es besiegt. Sein Antlitz zeigte wie.[82]

Der Doge wurde auf Lebenszeit als Regierungsoberhaupt von allen Adligen der Stadt gewählt. Er bewohnte den prächtigsten Palast der Stadt, trug die schönsten Kleider, alle scharwenzelten um ihn herum. In einem »goldenen Dogat« lebte er, schreibt Rilke, eine Anspielung auf die berühmte *Scala d'Oro*, einen imposanten Treppenaufgang mit vergoldeten Stuckreliefs, über den man auch die zweite Etage des Palastes mit den Wohngemächern erreichte. Das goldene Dogat war aber ein goldener Käfig, wie bei Rilke auch deutlich wird. Das Amt war vergoldet, doch hatte der Doge als Einzelner keine Macht. Bei seiner Krönung verpflichtete er sich per Eid, alle Befehle des Großen Rates und der vielen

Kostbar gekleidet, doch ohne Macht:
»Der Doge Andrea Gritti«, Gemälde von Tizian

anderen Gremien auszuführen. Zwar führte er bei allen Ratssitzungen den Vorsitz, segnete aber eigentlich nur ab: eine Art konstitutioneller Monarchie. Nominell war der Doge zwar Oberster des Staates, in Wirklichkeit war seine Macht allerdings ziemlich eingeschränkt. Er durfte keine Handelsgeschäfte betreiben, keine Geschenke annehmen, und keinem Mitglied seiner Familie war es erlaubt, ein Regierungsamt auszuüben. Im Verlaufe der Jahrhunderte kamen immer mehr Verbote dazu, schließlich musste sich ein Doge jeden Brief genehmigen lassen.

In der Öffentlichkeit jedoch repräsentierte der Doge die Staatsmacht – mit aller Prachtentfaltung und allen Insignien der Macht. In seinem Gedicht verwendet Rilke dafür ein präzises Bild: »so wie man Löwen hält«. Der Löwe ist das Symbol der Staatsmacht Venedigs, nach außen war der Doge dieser Löwe, eigentlich aber hielt die Staatsmacht ihn, den Dogen, wie einen Löwen im Käfig. Bei der gesamten Regierungskonstruktion ging es nur um den Erhalt der Staatsmacht, nicht um den einzelnen Herrscher. Kein Zufall, dass es kaum herausragende und bekannte Dogen gab. Kein Zufall auch, dass Rilke trotz seiner Vorliebe für klangvolle Adelsnamen das Gedicht nur schlicht und anonym: »Ein Doge« nennt.

Noch eine Eigenheit des venezianischen Staatswesens (und des Dogenpalastes) wird durch Rilkes Gedicht hervorgehoben. Rilke schreibt, das Dogat sei von »Spähern und Beschränkern« umstellt. Das ist ganz wörtlich zu lesen: Venedig hatte ein ausgeklügeltes Spitzelsystem. Sitz der Staatsinquisition war der Dogenpalast. Einerseits beherbergte er die leuchtenden Tiepolos, Tizians und Tintorettos, andererseits gab es nicht weit von der Wohnung des Dogen und dem prachtvollen Regierungssaal einen schwarz verhängten Saal fast ohne Licht. Wer, von Spitzeln und »Spähern« denunziert, hier landete, war verloren. Die venezianische Geheimpolizei war bekannt für ihre Grausamkeit. Wer verurteilt wurde, kam gleich nach nebenan, das Gefängnis lag direkt neben dem Dogenpalast, nur durch die berühmte Seufzerbrücke getrennt. Auch das eine Besonderheit venezianischen Regierens und venezianischer Architektur, auf die man durch Rilke aufmerksam wird.

Ein Bild von Carpaccio im Museo Civico Correr

Das *Museo Civico Correr* am Markusplatz lohnt für Rilke-Fans aus einem Grund: Neben Schiffsmodellen, alten Stadtplänen, Münzen und Flaggen hängt hier eines der berühmtesten und rätselhaftesten Bilder des venezianischen Malers Vittorio Carpaccio, das Rilke zu seinem Gedicht »Die Kurtisane« inspirierte. Das Gemälde aus dem Jahr 1495 zeigt zwei blonde, etwas müde und gelangweilt blickende, tief dekolletierte Damen. Sie sitzen vor einer marmornen Balustrade draußen auf einem Söller oder einem Balkon. Eine der beiden tätschelt ein weißes Hündchen.

Die Kurtisane

Venedigs Sonne wird in meinem Haar
ein Gold bereiten: aller Alchemie
erlauchten Ausgang. Meine Brauen, die
den Brücken gleichen, siehst du sie

hinführen ob der lautlosen Gefahr
der Augen, die ein heimlicher Verkehr

an die Kanäle schließt, so daß das Meer
in ihnen steigt und fällt und wechselt. Wer

mich einmal sah, beneidet meinen Hund,
weil sich auf ihm oft in zerstreuter Pause
die Hand, die nie an keiner Glut verkohlt,

die unverwundbare, geschmückt, erholt –.
Und Knaben, Hoffnungen aus altem Hause,
gehn wie Gift an meinem Mund zugrund.[83]

Die Kurtisane – auch ein Venedig-Mythos. Seit der Renaissance war die Stadt berühmt für die Kunst ihrer Kurtisanen, deren Schönheit, Sinnlichkeit und Käuflichkeit. Bewundert wurden sie vor allem für ihr blondes Haar, das eigentlich ein Rotblond war – und selten echt. Bei Rilke heißt es: »Venedigs Sonne wird in meinem Haar ein Gold bereiten«, und das ist durchaus wörtlich zu begreifen, in doppeltem Sinne: Um diesen besonderen Farbton zu erzielen, setzten sich die Venezianerinnen stundenlang in die Sonne auf die *Altane*, eine für Venedig typische Einrichtung: hölzerne Terrassen auf den Dächern, damals wie heute Zuflucht für schwüle Scirocco-Tage. Das berühmte venezianisch Blond war keine natürliche Farbe, sondern Ergebnis einer kunstvollen und aufwendigen Prozedur. Dabei nutzten die Frauen die Natur, die Sonne, eine natürliche Ressource, die es überall gibt, um Gold, d. h. Geld zu verdienen. Gelb = Gold = Geld. Alles wird in Venedig zu Geld gemacht – auch das ein Venedig-Mythos, von dem Rilkes Gedicht handelt.

Prostitution war seit der Renaissance ein wichtiger Wirtschaftszweig in der Lagunenstadt, sie galt als legitime Profitquelle für Adlige und Unternehmer. Venedig verdiente gut

Carpaccios Meisterwerk »Zwei venezianische Damen« inspirierte Rilke zu seinem Gedicht »Die Kurtisane«.

an seinen vielen Prostituierten und nährte seinen Ruf als Stadt der Wollust, der käuflichen Liebe und der raffinierten Kurtisanen. Diese Selbstdarstellung Venedigs greift Rilke auf und treibt sie einen Schritt weiter: Er stellt die Stadt selbst als Kurtisane dar, die Kurtisane wird in Rilkes Gedicht zur Allegorie Venedigs, eine ständige Verbindung und Verwandlung von Stadtkörper, Frauenschönheit, Alchemie und Geld.

P. S.: Wie Kunsthistoriker in den 50er Jahren des letzten Jahrhunderts herausfanden, stellt Rilkes Quelle, Carpaccios Bild, gar keine Kurtisanen dar. Verschiedene Indizien wie z. B. das Wappen der venezianischen Patrizierfamilie *Torella*, das die Vase ziert, deuten auf Frauen der höheren Gesellschaft hin. Heute heißt das Bild »Zwei venezianische Damen«. Dass selbst Wissenschaftler so lange Aristokratinnen mit Huren verwechselten, ist allerdings nicht erstaunlich. Denn die Kurtisanen orientierten sich an den Damen der Oberschicht, kleideten sich wie sie, sprachen und schrieben wie sie. Und die Damen der venezianischen *High Society* waren auch nicht gerade tugendhaft. Wer auch immer dargestellt ist – Carpaccios Bild verströmt in vielen Details eine müde und sehr verfeinerte Sinnlichkeit. Die fließenden Kleider in Goldgelb und Purpur mit ihren Plissees und den kostbar geschmückten Dekolletés tragen dazu ebenso bei wie Papagei und Pfau, in der Malerei traditionelle Zeichen des Erotischen. Alles wirkt höchst kultiviert, Sexualität scheint vollständig gebändigt zu sein. Doch Rilke lenkt unseren Blick darauf, dass Carpaccios Bild weit vielschichtiger ist. Denn die Frau, um die es in seinem Gedicht geht, liebkost mit der einen Hand das weiße Hündchen, mit der anderen aber hält sie einen zähnefletschenden Rassehund auf Distanz. Das Sinnliche ist zwar domestiziert, dennoch bleibt es bedrohlich. In Rilkes Text gilt das auch für die Stadt Venedig. Die Venezianer unterwarfen die Natur auf unnachahmliche Weise, sie zwängten das Meer in ihre Kanäle, wo es »steigt und fällt und wechselt«. Doch die untergründige Gefährdung aller Kultur und Zivilisation durch die Natur bleibt.

Vierter Spaziergang: Arsenal, Scuola Dalmata di San Giorgio degli Schiavoni, Campo Santa Maria Formosa und Pinacoteca Querini-Stampalia

[1] Museo Storico Navale [2] Scuola Dalmata di San Giorgio degli Schiavoni [3] Pinacoteca Querini Stampalia [4] Campo Santa Maria Formosa [5] Kirche Santa Maria Formosa

Das Arsenal

Spätherbst in Venedig

Nun treibt die Stadt schon nicht mehr wie ein Köder,
der alle aufgetauchten Tage fängt.
Die gläsernen Paläste klingen spröder
an deinen Blick. Und aus den Gärten hängt

der Sommer wie ein Haufen Marionetten
kopfüber, müde, umgebracht.
Aber vom Grund aus alten Waldskeletten
steigt Willen auf: als sollte über Nacht

der General des Meeres die Galeeren
verdoppeln in dem wachen Arsenal,
um schon die nächste Morgenluft zu teeren

mit einer Flotte, welche ruderschlagend
sich drängt und jäh, mit allen Flaggen tagend,
den großen Wind hat, strahlend und fatal.[84]

»Spätherbst in Venedig«, Rilkes bekanntestes Venedig-Gedicht, führt weg aus den touristischen und künstlerischen Zentren der Lagunenstadt. Statt am *Canal Grande* oder auf dem Markusplatz landet man weitab im Osten, beim Arsenal, der einstigen Staatswerft. Für Rilke liegt hier das eigentliche Zentrum Venedigs: »Denken Sie, es scheint mir seltsam, daß man auf den Einfall kam, diese Stadt zu träumerischen Stimmungen auszunützen; sie war vollendet und verlassen, und so ließ sie es mit sich geschehen. Wenn man aber in diesem harten Meerwind durch ihre klingenden Gassen geht, wenn man das Wasser mit scharfen Rändern die Paläste berühren sieht, die ganz aus Willen sind, aus Widerstand, aus Erfolg, und wenn man über der Pracht des Platzes das Arsenal nicht übersieht, das Wälder in Flotten verwandelt hat und die Last der Flotten in die Flügel eines Siegs; wenn man bedenkt, daß aus dem Mangel an Blumen Spitzen entstanden sind und aus dem Fehlen von Bergwerken Dinge aus edelsteingleichem Glas, daß die ganze Welt diesen köstlichen Betrug annahm und ihr Gold hingab dafür –, und daß zur Verwirklichung von alledem nicht einmal die Stelle vorhanden war, daß der Kontinent für diesen Staat erst gezimmert werden mußte: dann erschrickt man vor der Fülle von Aktion, die hier zusammengekommen ist und man fühlt sie immer noch dasein, auffordernd und beunruhigend, immens verpflichtend.«[85]

Venedigs Macht gründet von Anfang an auf der Kunst des Schiffsbaus und der Seefahrt. Jahrhundertelang war das Arsenal Fundament und Rückgrat seiner Vorherrschaft auf den Meeren. Die Anfänge des Arsenals waren bescheiden. Um 1100 baute man die erste Werft im östlichen Stadtteil *Castello* – dort gab es genug Platz neben Klöstern und Gemüsegärten auf schwierigem, nämlich sumpfigem Gelände. Doch das Arsenal wuchs rasch, Venedigs Bedarf an Schiffen war immens, die Republik brauchte Handels-, vor allem aber Kriegsschiffe. Denn im Kampf um die Vormacht auf See war Venedig nicht gerade zimperlich. Man kaperte Frachtschiffe der Konkurrenz oder überfiel deren Niederlassungen. Immer wieder brachen die Venezianer zu Raub- und Rachefeldzügen auf. Auch als Venedig längst stärkste Seemacht des gesamten Mittelmeeres war, musste es diese Stellung immer wieder verteidigen.

Wirkliches Zentrum von Politik und Ökonomie wurde das Arsenal erst im 14. Jahrhundert, als der Staat die Oberaufsicht übernahm. Als staatliche Werft für die Kriegs- und Handelsflotte hatte das Arsenal fortan Regierungspriorität. Ihr gesamtes Kapital, ihr Wissen und ihre Energie investierte die *Serenissima* in den Ausbau und die Modernisierung des Arsenals. So entstand hier das erste zusammenhängende Industriegebiet der Welt. Alles an einem Ort: Werkstätten, Docks, Lagerhallen, Ausrüstungsbetriebe. Man holte die besten Handwerker, die fähigsten Ingenieure, die erfahrensten Seeleute und ließ sie zusammenarbeiten. Das Arsenal in Venedig war der erste Betrieb Europas mit entwickelter Arbeitsteilung. Wie in einer modernen Fabrik arbeiteten die *Arsenalotti* (= alle im Arsenal Beschäftigten) in Gruppen zusammen: Zimmerleute, Säger, Kalfaterer (sie dichteten die Schiffswände mit Teer ab, eine der härtesten Tätigkeiten), Lehrlinge und Hilfsarbeiter bildeten jeweils Arbeitseinheiten unter der Leitung eines Vorarbeiters. Ein Bauleiter überwachte den gesamten Produktionsprozess. Pro Jahr bauten die Venezianer drei große Galeeren. In einer Art Montagestraße wurden die fertigen Schiffe dann reisefertig gemacht. Wie am Fließband wurden sie bestückt mit Segeln (die von Frauen im Arsenal genäht oder geflickt worden waren), Tauen (dafür gab es eine riesige Fertigungshalle, die *tana*), auch der berühmte venezianische Schiffszwieback durfte nicht fehlen, selbstverständlich aus einer Bäckerei des Arsenals. Binnen weniger Stunden konnte eine Galeere auf die Reise geschickt werden. Zur Zeit seiner größten Ausdehnung im 16. Jahrhundert arbeiteten bis zu 16 000 Menschen im Arsenal, das ganze Gelände umfasste ein Siebtel der Stadtfläche.

Wie wichtig Schiffe für den Staat waren, zeigt eine Regie-

Abseits gelegen, doch für Rilke eigentliches Zentrum der Stadt: das Arsenal. Hier der Haupteingang.

rungsbilanz des Dogen Tommaso Mocenigo im Jahre 1423. Nicht in Gold oder Ländereien wurde der Staatshaushalt bemessen, die Währungseinheit waren Schiffe: 300 große Schiffe mit einer Ladekapazität von bis zu 150 Tonnen mit 8000 Matrosen im Überseehandel, 3000 kleine Schiffe mit 17 000 Mann, 45 Galeeren mit 11 000 Soldaten. Die Venezianer waren immens stolz auf ihr Arsenal, sie feierten es als Sinnbild ihrer Weisheit und ihrer Regierungskunst. Auch die Konkurrenz war schwer beeindruckt. Nach dem Vorbild Venedigs nannte man Werften bald überall in Europa Arsenal – ursprünglich ein arabisches Wort, das »Haus der Handwerke« bedeutet.

Die wechselvolle Geschichte Venedigs als Seemacht kann man übrigens bei Rilke nachlesen. Im Deutschen Literaturarchiv in Marbach liegt ein umfangreiches Konvolut von Aufzeichnungen des Dichters vor allem zum Venedig des 14. Jahrhunderts. In den Jahren von 1910 bis 1912, der Zeit seiner Neuorientierung nach Abschluss des »Malte«, wollte Rilke eine Biographie über Carlo Zeno verfassen, einen Admiral, der 1380 Venedig im sogenannten Chioggia-Krieg in scheinbar aussichtsloser Lage vor seiner schärfsten Konkurrenz Genua rettete.

Begonnen hatte Rilke seine Studien 1910 in Venedig. Ein Commandante Malagora habe sich seiner »mit einer vollendeten Bereitschaft angenommen und genau in der Art, die nothwendig ist, *pour ne pas décourager un pauvre poëte inculte qui fait des livres parce qu'il ne sait pas manier ceux qui existent*. Ich bin in ausgezeichneten Händen und werde schon diesmal in verschiedenen Bibliotheken zu stöbern beginnen und wenn der Muth dort nicht sinkt vielleicht doch noch drei oder vier Tage hier bleiben.«[86]

In welche Bibliotheken Rilke ging, ist nicht bekannt,

wahrscheinlich in das Staatsarchiv am *Campo San Polo* und in die *Biblioteca Marciana*, Venedigs Hauptbibliothek, vielleicht auch in die *Biblioteca Querini-Stampalia*, an der wir bei diesem Spaziergang vorbeikommen. Sicher ist jedoch, dass Rilke im Winter 1911/12 alle Bücher las, die er zu seinem Thema in der fürstlichen Bibliothek von Duino finden konnte. Fast »Historiker« sei er geworden, berichtete er im März 1912 stolz seiner Freundin, der Baronin Sidonie Nádherní von Borutin: »Ich lese italiänisch, den Muratori, jeden Tag sieben oder acht Stunden und dazwischen manches Ergänzende, fast nur über italiänische Geschichte des vierzehnten Jahrhunderts, mit besonderem Bezug auf Venedig. Es ist ja so nah, dieses Unbegreifliche, und die hiesige Bibliothek strotzt von Litteratur über die Lagunen, die Adria, Istrien und das Friaul. (...) Ich würde es gern dahin bringen, von diesem einzigen Staat, wirklich einiges zu wissen; es ist dasjenige Reich, dessen Verlauf ich, glaub ich, ganz einsehen könnte, die Kurve seines Daseins ist reiner als das Liniennetz anderer Gemeinwesen, – ein Zusammenhang der im Irdischen etwa das bildet, was am Himmel ein Sternbild wäre. Wunderbar großartig geht es aus der Zuflucht, die ein paar arme sumpfige Inseln bieten konnten, hervor und *genau das*, was seine Noth war, wird immer mehr seine Herrlichkeit. Wie soll mich dies nicht immer wieder ergreifen.«[87] Vieles schrieb Rilke zum Teil direkt aus dem *Muratori* ab, dem Standardwerk über italienische Geschichte, teils übersetzte er und fasste zusammen. In chronologischer Reihenfolge notierte er Schlachten, Staatsstreiche, Belagerungen, Bündnisse, Verrat, Mord, Bestechung, immer auf Vollständigkeit bedacht, mit Anmerkungen und Fußnoten. Unzählige Schauplätze und Personennamen erwähnte er, er zeichnete sogar Stammbäume. Nur über Carlo Zeno kein Wort. Seine Biographie hat Rilke dann auch nicht geschrieben. Schon während seiner Forschungen zweifelte der Dichter immer wieder: »Diese Schülerarbeit ist mir eine Art Zuflucht vor den Wechselfällen des Schöpferischen, denen ich mich nicht recht gewachsen fühle, und eine Disziplin, in die ich mich einspanne.«[88] Aus der großen Arbeitskrise nach Abschluss des »Malte« konnte ihn auch der einstige Retter Venedigs nicht erretten.

Mehr über das Arsenal im 14. Jahrhundert, also der Zeit, die Rilke am meisten interessierte, erfahren wir bei einem anderen großen Dichter: Dante beschrieb es in seiner »Göttlichen Komödie«. Der italienische Text ist auf einer Tafel links vom imposanten Eingangsportal des Arsenals zu lesen. Auf Deutsch lautet er:

»Wie zu Venedig, draußen am Kanal,
Des Winters, manch ein leckes Schiff zu teeren,
Das Pech, das zähe, kocht im Arsenal;

Alsdann, weils nicht mehr schiffbar auf den Meeren,
Macht der sein Fahrzeug neu, der dichtet Flanken,
Die langer Fahrten müd zum Hafen kehren;

Am Heck, am Buge hämmern sie die Planken,
Der schnitzt sich Ruder, jener Taue flicht,
Flickt Segel, die an Fock und Klüver schwanken:

So sott, nach Gottes Rat, durch Feuer nicht,
Von Pech ein dicker Brei in jenem Schlunde,
Das ringsumher die Ufer überpicht.«[89]

Kein schöner Ort, das Arsenal bei Dante. Es liegt in der Hölle. Im siedenden Pechsee, von dem hier die Rede ist, schmoren die Gauner und Betrüger.

Wie das Arsenal wirklich aussah und wie hier gearbeitet wurde, erfahren wir nur noch aus Plänen, Bildern und Berichten. Rilke hingegen konnte noch auf das Gelände, täglich von 9 Uhr bis 15 Uhr, außer sonntags. Sogar die Docks waren damals mit Erlaubnis der Admiralität zu besichtigen. Heute ist das Arsenal leider meistens verschlossen – bis auf Kunstausstellungen während der Biennale. Dann kann man an türkisfarbenen Wasserbecken vorbeiflanieren und die Größe des Geländes ermessen. Ebenso beeindruckend ist die riesige ehemalige *tana*, in der einst kostbarer Hanf aus Bologna zu langen Tauen geflochten wurde. Heute ist sie ein idealer Ort für Kunst-Installationen, Videos und Performances.

Einen Eindruck von der Rolle des Arsenals im sozialen Gefüge der Stadt kann man jedoch jederzeit gewinnen. *Castello* ist ein Arbeiterviertel mit engen Gassen und kleinen Häusern – und eines der frühesten Beispiele für sozialen Wohnungsbau. Hier stellte die Stadt für die *Arsenalotti* kleine Wohnungen, z. T. mit lebenslangem Wohnrecht, zur Verfügung. Die Handwerker im Arsenal hatten einerseits – wie bei Dante zu lesen – härteste Arbeiten zu verrichten. Andererseits waren sie eine Art Elite, eine Institution und eine eigene Schicht in der Stadt, mit eigenem Dialekt. Und mit eigenen Privilegien, z. B. einer lebenslangen Rente. *Arsenalotti* leisteten Polizeidienste in ihrem Viertel, sie bewachten auch das Arsenal. Zu ihrer Identifikation mit der Staatsmacht trug sicher auch bei, dass sie die Ehrengarde des Dogenpalastes bildeten und den *Bucintero*, das große Prachtschiff des Dogen, bei Staatszeremonien manövrieren durften. Ein Modell des imposanten Prunkschiffs sowie 25 000 andere Exponate zur Geschichte der Seefahrt und des Schiffsbaus in Venedig sind im *Museo Storico Navale*, dem Schifffahrtsmuseum, in der Nähe des Arsenals zu besichtigen.

Die Scuola Dalmata di San Giorgio degli Schiavoni

Die einzige touristische Sehenswürdigkeit in der Gegend westlich vom Arsenal ist auch für Rilke-Fans interessant: die *Scuola Dalmata di San Giorgio degli Schiavoni*. Hier hängt der einzige Bilder-Zyklus von Carpaccio an seinem ursprünglichen Ort, einer kleinen Kapelle. Rilke plante schon seit seinen ersten Italienaufenthalten eine Biographie über den venezianischen Renaissance-Künstler, legte seinen Plan aber früh ad acta. Stattdessen ließ er Malte, den Protagonisten seines Romans, ein Buch über ihn schreiben: »Ich bin achtundzwanzig, und es ist so gut wie nichts geschehen. Wiederholen wir: ich habe eine Studie über Carpaccio geschrieben, die schlecht ist, ein Drama, das ›Ehe‹ heißt und etwas Falsches mit zweideutigen Mitteln beweisen will, und Verse.«[90]

Carpaccio gilt als der große Geschichtenerzähler unter den Malern. Seine Sujets waren religiös oder märchenhaft, doch in seinen Heiligengeschichten und Legenden bildete er dabei immer zeitgenössische venezianische Wirklichkeit ab, bis ins kleinste Detail. Carpaccios Malerei diente nur dem einen Ziel, seine Vaterstadt zu rühmen: Venedig spielte die eigentliche Hauptrolle in all seinen Gemälden, auch wenn der Auftrag wie hier in der *Scuola Dalmata di San Giorgio degli Schiavoni* lautete, die dalmatischen Heiligen Georg,

Hieronymus und Trifon darzustellen. Vor allem durch seine subtile Farbgebung brachte Carpaccio auf seinen Bildern die Lagunenstadt zum Leuchten. In Rilkes Worten: »Die Bilder von Carpaccio, wenn Sie solche gesehen haben sollten, sind wie auf purpurnem Samt gemalt, überall bricht etwas Warmes, gleichsam Waldiges durch, und um die gedämpften Lichter darin drängen sich horchende Schatten.«[91]

Labyrinthe

In kaum einer Stadt der Welt verläuft man sich so leicht wie in Venedig. Das liegt an dem dichten, unübersichtlichen Netz der *Calle*, wie in Venedig Wege und Sträßchen heißen, die oft in Sackgassen enden oder in halbprivaten Innenhöfen. Sich zu verirren gehört zum Venedigerlebnis. Selbst einer gebürtigen Venezianerin wie der Fürstin von Thurn und Taxis passierte das gelegentlich, zum Beispiel wenn sie in einem proletarischen Stadtteil wie *Castello* unterwegs war. Über ein »seltsames Erlebnis« mit Rilke auf dem Weg nach *Santa Maria Formosa*, wo auch unser Spaziergang endet, schreibt sie: »Wir waren eines schönen Morgens zur Galerie Stampalia und zur Sta. Maria Formosa gegangen. Ich wußte, daß Sta. Maria Formosa nicht weit von S. Zaccaria liegt, und dies mußte ganz in der Nähe der Riva dei Schiavoni sein. Also, zuerst den Vaporetto (ach, der Gondeln werden immer weniger!) und dann auf den Weg! Ein kleiner, diensteifriger Alter, der ausgezeichnete Kastanien briet, zeigte uns, nach welcher Seite man gehen müsse, ›und dann geradeaus!‹ Natürlich mußte man die entgegengesetzte Richtung einschlagen – und schon verirrten wir uns in einem Labyrinth von Straßen, Gassen, Brücken und Sottoportici; eine Schande für eine Venezianerin, wie ich es bin! Und dann auf einmal befanden wir uns an einem so seltsamen – so unbekannten Ort ... Eine lange Straße (nicht gerade das, was man in Venedig ›Calle‹ nennt) mit je einem kleinen Brunnen an beiden Enden, auf beiden Seiten sehr hohe, große Häuser, – traurige und schmucklose Häuser ohne die Fratzen-Ornamentik und die durchbrochenen Fenster, die in den ärmeren Vierteln Venedigs zu sehen sind, und ein Schweigen – ein Schweigen, das aus verklungenen Zeiten herzurühren schien (...). Wir waren beide stehengeblieben, und mit dem gleichen Gefühl unheimlicher Beklemmung betrachteten wir das schadhafte Pflaster, zwischen dem Gras wuchs (Gras in Venedig!), die verschlossenen, stummen, elenden Häuser, die vergitterten Fenster, in denen niemand sich zeigte, die menschenleere Straße. (...) Wir suchten vergeblich nach dem Namen der Straße, der sonst stets angeschrieben steht, ich glaube, wir werden nie diesen Winkel wiederfinden (...). Wir haben oft über diesen Vorfall gesprochen. Rilke blieb immer dabei, daß er trotz allen Suchens die merkwürdige Gasse nicht mehr habe finden können.«[92]

Pinacoteca Querini-Stampalia

Die *Pinacoteca Querini-Stampalia*, die Rilke und die Fürstin schließlich doch noch fanden, gehört zu den weniger spektakulären, dennoch sehenswerten Museen der Stadt, die auch Rilke empfahl. Der Renaissancepalast beherbergt mehr als vierhundert Bilder der venezianischen Schule. Auch wenn sie nicht zur ersten Garde gehören, gewähren sie doch einen guten Einblick in Venedigs Alltag, vor allem die umfangreiche Sammlung mit Werken Gabriele Bellas. Sehenswert ist heute der moderne Garteninnenhof, den Carlo Scarpa, Venedigs großer Museumsarchitekt, 1963 angelegt hat. Eine Oase in der Stadt, mit plätscherndem Wasser. Für Fleißige enthält das Gebäude eine riesige Bibliothek mit ungewöhnlichen Öffnungszeiten. Schon Rilke hätte hier bis Mitternacht studieren können. Der Stifter, Graf Giovanni Querini-Stampalia, hatte 1868 der Stadt seine Bücher nur unter der Bedingung geschenkt, dass die Bibliothek auch abends geöffnet sei. Das gilt bis heute, nur am Sonntag schließt sie bereits um 19 Uhr.

Santa Maria Formosa

Der *Campo Santa Maria Formosa*, mit dem *Palazzo Querini-Stampalia* durch eine kleine, auch von Carlo Scarpa entworfene Treppe verbunden, ist heute zwar keine einsame Gegend mehr, aber ein auf angenehme Weise normaler Platz, den nicht nur Touristen bevölkern. Hier liegt auch die gleichnamige Kirche, die Rilke in der ersten »Duineser Elegie« verewigt hat:

> »Es rauscht jetzt von jenen jungen Toten zu dir.
> Wo immer du eintratst, redete nicht in Kirchen
> zu Rom und Neapel ruhig ihr Schicksal dich an?
> Oder es trug eine Inschrift sich erhaben dir auf,
> wie neulich die Tafel in Santa Maria Formosa.«[93]

»Neulich« war der 3. April 1911 – der Tag, an dem Rilke mit der Fürstin nach jenem »seltsamen Erlebnis« doch noch in die Kirche fand. Die Inschrift, die sich ihm auftrug, findet sich beim Grabmal von Gulielmus und Antonius Hellemans, zwei Kaufleuten aus Antwerpen, die Ende des 16. Jahrhunderts in Venedig eines vorzeitigen Todes (»immatura morte«) starben. Glaubt man dem Rilke-Experten Jacob Steiner, trägt die Inschrift selbst »nichts Spezifisches zur Deutung der Elegie bei«.[94] Wer sie dennoch lesen will, findet sie im rechten Querschiff der Kirche. Dort hängt die Tafel über dem Südportal unter dem Sarkophag.

Fünfter Spaziergang: Das Ghetto

[1] **Ponte di Rialto** [2] **Pescheria** [3] **Fondaco dei Turchi** [4] **Ca' d'Oro** (Galleria Franchetti) [5] **Palazzo Mocenigo** (Centro Studi di Storia del Tessuto) [6] **Palazzo Labia** [7] **Canale di Cannaregio** [8] **Ghetto Nuovo** [9] **Ghetto Vecchio** [10] **Ghetto Nuovissimo** [11] **Campo di Ghetto Nuovo**

»Von Venedig ist alles gesagt und gedruckt was man sagen kann«, klagte Goethe 1786.[95] Doch der große Meister irrte. Hundert Jahre später entdeckte ein junger Dichter einen Ort, den Schriftsteller ignoriert, Reisende gemieden und selbst Venezianer jahrhundertelang vergessen hatten: das Ghetto. Als Erster machte Rilke es 1900 zum Schauplatz eines literarischen Werks in einer der »Geschichten vom lieben Gott«, seinem Debüt beim Insel-Verlag, das ihn mit einem Schlag bekannt machte. »Eine Szene aus dem Ghetto in Venedig« handelt von der Liebe zwischen dem venezianischen Adligen Marcantonio und der schönen Jüdin Esther, die mit ihrem Großvater Melchisedech im Ghetto wohnt. Rilke erzählt im Stil eines Märchens, das in einer religiösen Parabel endet. Das Ghetto wirkt zunächst wie ein zufälliger Schauplatz für sein Gleichnis. Doch der Schein trügt. Mit Rilkes kleiner Geschichte kann man sogar heute noch an Ort und Stelle auf Entdeckungstour gehen. Die Erzählung erweist sich dabei als brauchbarer Reiseführer in die dunkelste Ecke von Venedigs Geschichte.

Für den Spaziergang gibt es zwei Möglichkeiten. Die eine: Man folgt Rilkes eigener Wegbeschreibung in der Erzählung: »Wenn man unter dem Ponte di Rialto hindurchfährt, an dem Fondaco de' Turchi und an dem Fischmarkt vorbei, und dem Gondoliere sagt: ›rechts!‹, so sieht er etwas erstaunt aus und fragt wohl gar: ›Dove?‹. Aber man besteht darauf nach rechts zu fahren, und steigt in einem der kleinen schmutzigen Kanäle aus, handelt mit ihm, schimpft und geht durch gedrängte Gassen und schwarze verqualmte Torgänge auf einen leeren freien Platz hinaus.«[96] Bis auf die Reihenfolge stimmt das (von der Rialtobrücke aus kommt erst

Die prachtvolle gotische Fassade der Ca' d'Oro wurde
um 1900 »sehr verständig restauriert« (Rilke).

die *Pescheria*, dann der *Fondaco dei Turchi*). Heute nähme man wahrscheinlich den *Vaporetto* (Linie 1 bis zur Haltestelle San Marcuola, oder Linie 52, Haltestelle Guglie), um direkt ins Ghetto zu gelangen.

Ich schlage einen Umweg vor, den auch die Erzählung selbst nimmt. Denn Rilke geht nicht gleich *in medias res*. Seine Geschichte beginnt mit einer Rahmenhandlung, in der er das Ghetto nicht als isolierten Teil Venedigs einführt, sondern es in die verschiedenen Wirklichkeiten der Stadt einbettet: die zeitgenössische, eine historische und eine künstlerische Realität. Diese konfrontiert der Dichter dann mit der dunklen, anderen, vergessenen Seite der Stadt, dem Ghetto. Auf der einen Seite bekannte Sehenswürdigkeiten, klangvolle Adels-Namen, glänzende Geschichte und reiche Paläste, auf der anderen Seite das Ghetto, in unmittelbarer Nachbarschaft. Auf einem Spaziergang, der beiden Seiten der Erzählung und der Stadt nachspürt, können wir diesen Kontrast unmittelbar wahrnehmen.

Die folgenden drei Paläste liegen auf dem Weg ins Ghetto, sie lohnen einen Besuch und gehören ohnehin zu einem von Rilke inspirierten Venedig-Programm.

Ca' d'Oro

Mein Spaziergang beginnt an einem der markantesten touristischen Wahrzeichen der Stadt, der *Ca' d'Oro* – ähnlich wie Rilkes Erzählung. Denn diese setzt ein mit einem Gespräch zwischen dem arroganten Ich-Erzähler, in dem man unschwer den jungen Dichter erkennt, und Herrn Baum, einem typischen Touristen, so wie wir alle nicht sein wollen. Wie Pingpongbälle werfen sie einander die Stichworte zu:

»›Die Cà Doro‹, – gab ich zurück, ›Der Fischmarkt –‹ ›der Palazzo Vendramin –‹ ›Wo Richard Wagner‹ – fügte er rasch, als ein gebildeter Deutscher, hinzu. Ich nickte: ›Den Ponte, wissen Sie?‹ Er lächelte mit Orientierung: ›Selbstverständlich, und das Museum, die Akademie, nicht zu vergessen, wo ein Tizian …‹«[97] Herr Baum, das ist spätestens jetzt klar, hat nichts vom wahren Venedig kapiert, dort führt ihn später erst der Erzähler hin.

Die meisten Touristen kennen von der *Ca' d'Oro*, erbaut 1421-1434, nur die schöne gotische Fassade, die früher mit Blattgold verziert war. Daher stammte auch der Name (*oro* = Gold). Dass man seit 1900 Fassade und Palast einigermaßen im Originalzustand sehen kann, verdankt die Stadt einem Juden, dem Baron Giorgio Franchetti. Der hatte das Gebäude 1894 gekauft, nachdem es völlig heruntergekommen und durch falsche Restaurierung verschandelt worden war. Der Vorbesitzer, ein russischer Prinz, hatte das berühmte Treppenhaus abreißen und allen Marmorschmuck von Fassade und Fußboden entfernen lassen. Franchetti ließ alles originalgetreu wiederherstellen, sogar mit den alten Arbeitsmethoden, die Mosaiken wurden wie früher mit der Hand und nicht maschinell geschnitten. Rilke lernte Baron Franchetti, der mit der Fürstin von Thurn und Taxis befreundet war und sie oft auf Schloss Duino besuchte, 1911 sogar persönlich kennen. Der Dichter fand ihn allerdings seltsam: »In Venedig sah ich, Ende November, Franchetti und hörte ihn spielen auf einem alten Clavecin; er ist eine wunderliche Persönlichkeit, etwas halb Launisches halb Virtuoses und möglicherweise, von beiden gemißbraucht, eine Art Genialität.«[98]

Doch für dessen Engagement in der *Ca' d'Oro* hatte er höchsten Respekt: »Auch in die Ca' d'Oro, die der Baron

Franchetti sehr verständig restaurieren läßt, kann man (von der kleinen Calle aus) eintreten: der kleine Hof, der wunderbare byzantinische Brunnenstein, der Aufgang und schließlich der durch die Fenster wie durch eine Spitze köstlich gemachte Durchblick, rechtfertigen den Aufenthalt.«[99] Das gilt noch heute. Zudem sieht man Franchettis private Kunstsammlung, zu Beginn des 20. Jahrhunderts eine der bedeutendsten ihrer Zeit, noch weitgehend in dem Zustand, wie Rilke sie einst bewunderte. Herausragendes Gemälde ist der schöne »Heilige Sebastian« von Mantegna.

Palazzo Mocenigo

Rilkes Geschichte spielt in der Vergangenheit, »vielleicht unter dem Dogen Alvise Mocenigo IV«.[100] Weiß jemand, wann der gelebt hat? Wir können es herausfinden. Im *Palazzo Mocenigo*, heute als Stoff- und Kostümmuseum für das Publikum geöffnet, hängt sein Porträt. Im *Portego*, der imposanten Eingangshalle mit Ahnengalerie, zeigte die Patrizierfamilie, was sie hatte und war: eine Dynastie von Herrschern, die allein sieben Dogen stellte. Alle in Purpur und Gold gekleidet, stolz und streng. Alvise IV. (der mit Hermelin) hängt vom Eingang aus rechts auf der gegenüberliegenden Wand. Er war der vorletzte Doge Venedigs und regierte von 1763 bis 1778, kurz vor dem Ende der venezianischen Republik. Alvise der IV. stammte aus dem Seitenzweig der Familie, der in St. Stae im 16. Jahrhundert diesen Palast bezogen hatte. Zwar ist nicht mehr alles im Originalzustand. Dennoch erhalten wir in dem wenig besuchten Museum einen guten Eindruck davon, wie der Doge und seine Familie im 18. Jahrhundert, also zu der Zeit, in der Rilkes

Einblick in aristokratische Wohnkultur:
Palazzo Mocenigo, heute Museum

Geschichte spielt, wohnten: Wir schreiten durch Salons, intime Boudoirs, Prunksäle mit schweren Möbeln und prächtigen Muranoglasleuchtern. Überall kostbare Brokattapeten, dazu Gemälde, auf denen die Geschichte der Familie dargestellt ist. Einige Räume dienen Museumszwecken. In ihnen sind Rokokogewänder ausgestellt, Dutzende aufwendig verzierter Herrenwesten und die obligatorischen Togen der Ratsmitglieder, so dass wir uns auch die Kleidung der Adligen damals vorstellen können.

2013 wurde zusätzlich ein kleines Parfümmuseum mit Duftproben und kostbaren Parfümflaschen eingerichtet. Rilke hätten solche Exponate gewiss gefallen, er selbst hatte auf Schloss Duino ähnliche Vitrinen zusammengestellt mit »tous les petits objets de la femme«. Die Exponate – Fächer, Schminktiegel, Parfümflakons und Porzellanfigürchen – hatte er im ganzen Haus zusammengesucht, aus alten Truhen hervorgekramt, vom Boden geholt. »Rilke war ganz stolz auf dies Werk.«[101]

Palazzo Labia

Rilke wäre nicht Rilke, wenn er in einem Text über Venedig nicht über Kunst schriebe. So auch in der »Szene aus dem Ghetto«: »In der Zeit, von der ich rede, liebte man lichte Bilder, auf einen Grund von weißer Seide gesetzt, und der Name, mit dem man spielte, den schöne Lippen in die Sonne warfen und den reizende Ohren auffingen, wenn er zitternd niederfiel, dieser Name ist Gian Battista Tiepolo.«[102] Tiepolo (1696-1770) war der letzte von Venedigs bedeutenden Malern. Die schönsten seiner Fresken sind im *Palazzo Labia* zu sehen, einem protzigen Barockpalast aus dem 18.

Jahrhundert. Die Labia waren keine alteingesessene Familie, dafür aber sehr reich. Für die Ausmalung ihres Festsaals im ersten Stock engagierten sie Venedigs Malerstar Tiepolo. Er sollte etwas Historisches darstellen. Das tat Tiepolo auch, er malte das Leben der Kleopatra. Aber wie! Eine einzige Hommage an seine reichen Auftraggeber, mythologische Gestalten, gemalte Architekturen, Allegorien in prächtigen Farben. Alles wirkt sinnlich, heiter, leicht. Eines der schönsten Beispiele dafür, mit welcher Anmut Venedigs Maler die Stadt noch oder gerade im Zeitalter ihres Untergangs malten. Der Palast befindet sich seit vielen Jahren *in restauro*, eine Besichtigung ist daher leider nicht möglich.

Das Ghetto

Vom *Palazzo Labia* aus über eine schmale Brücke, ein paar Schritte über den Kanal von *Cannaregio*, und mit einem Schlag steht man in einer anderen Welt. Durch »gedrängte Gassen und schwarze verqualmte Toreingänge« – Rilkes Beschreibungen treffen auch heute noch zu – gelangt man ins älteste Ghetto der Welt.

Seit dem 12. Jahrhundert hatte man überall im christlichen Europa versucht, die Juden zu isolieren. Doch Venedig war die erste Stadt, die Anfang des 16. Jahrhunderts die Juden zwang, in einem völlig abgetrennten und streng bewachten Bezirk zu leben, am abgelegensten und dreckigsten Ort der ganzen Stadt: im sogenannten »Ghetto Nuovo«, einem Areal mit stillgelegten Gießereien für Kanonenkugeln. Daher stammt wahrscheinlich auch das Wort »Ghetto«: Im venezianischen Dialekt hießen diese Gießereien *gèto*: Fabriken, in denen Metalle gegossen wurden, von *gettar* = gießen.[103] Ein idealer Ort, um Menschen einzusperren, wie ein Blick auf den Stadtplan zeigt. Da diese »Insel« rundum von Kanälen umgeben war und nur zwei Brücken dorthin führten, war sie sehr einfach zu bewachen: Nachts versperrte man die beiden Brücken-Tore und ließ einige Wachboote patrouillieren, die von den Juden selbst bezahlt werden mussten.

1516 wurden siebenhundert Familien in das *Ghetto Nuovo* zwangsumgesiedelt. Dies war – trotz des *Nuovo* im Namen – das älteste Ghetto. 1541 mussten auch die bis dahin unantastbaren reichen Juden ins Ghetto, dafür vergrößerte man das *Ghetto Nuovo* um einen älteren Gießereibezirk, das *Ghetto Vecchio*. Zum dritten und letzten Mal wurde das Ghetto 1633 erweitert – um das *Ghetto Nuovissimo*. Trotz der Erweiterung gab es von Anfang an sehr wenig Platz. Die Bevölkerungsdichte war dreimal höher als in vergleichbaren armen christlichen Bezirken. Deshalb kam es zu einer architektonischen Besonderheit, die man auch mit Rilkes Erzählung entdecken kann: »Die Venezianer (...) beschränkten immer mehr das Gebiet des Ghetto, so daß die Familien, die sich mitten in aller Not fruchtbar vermehrten, gezwungen waren, ihre Häuser aufwärts, eines auf das Dach des anderen zu bauen. Und ihre Stadt, die nicht am Meere lag, wuchs so langsam in den Himmel hinaus, wie in ein anderes Meer, und um den Platz mit dem Brunnen erhoben sich auf allen Seiten die steilen Gebäude, wie die Wände irgend eines Riesenturms.«[104] Der »Platz mit dem Brunnen« ist der *Campo di Ghetto Nuovo* – ein guter Ort, um Rilkes Geschichte zu lesen. Noch heute sieht man hier, wie auch in den umliegenden Gassen, die für Venedig ungewöhnlich hohen sechs- und siebenstöckigen Häuser. Damals durften Juden keine Häuser im Ghetto

Nur der schmale Canale di Cannaregio trennt den Prunk-Palast Labia (neben dem Kirchturm) vom düsteren Ghetto.

kaufen, was die christlichen Vermieter schamlos ausnützten und Wuchermieten von ihnen verlangten. Aber die Juden hatten eine Art Erbpacht und die Erlaubnis, anzubauen. Das ging nur in die Höhe. In Rilkes Geschichte ist diese Besonderheit der Ghetto-Architektur mehr als nur Lokalkolorit, sie ist Bestandteil der ungewöhnlichen Handlung: »Der reiche Melchisedech, in der Wunderlichkeit des hohen Alters, hatte seinen Mitbürgern, Söhnen und Enkeln einen befremdlichen Vorschlag gemacht. Er wollte immer das jeweils höchste dieser winzigen Häuser, die sich in zahllosen Stockwerken über einander schoben, bewohnen. Man erfüllte ihm diesen seltsamen Wunsch gerne, denn man traute ohnehin nicht mehr der Tragkraft der unteren Mauern und setzte oben so leichte Steine auf, daß der Wind die Wände gar nicht zu bemerken schien. So siedelte der Greis zwei bis dreimal im Jahr um und Esther, die ihn nicht verlassen wollte, immer mit ihm.«[105]

Melchisedech ist der Großvater der schönen Esther und die eigentliche Hauptperson der Geschichte. Nie setzt er einen Fuß außerhalb des Ghettos, »obwohl er, als Goldschmied, und weil er allgemeine Achtung genoß, es hätte wagen dürfen«.[106] Statt sein Ansehen in Venedig zu genießen, zieht er sich ins Ghetto zurück und widmet sich ganz seinem Glauben.

Historisch gesehen war das möglich. Innerhalb der Ghettomauern durften die Juden ihr Leben selbst organisieren. Eine Art Insel-Republik. Die Stadt erlaubte z. B., Synagogen zu errichten – vorher konnten die Juden sich nur in Privathäusern treffen. Im venezianischen Ghetto muss es ein intensives religiöses Leben gegeben haben, auf engstem Raum finden sich fünf Synagogen der unterschiedlichsten Glaubensrichtungen. Verständlich, dass der ursprünglich nur negativ besetzte Ort Ghetto für Juden auch eine neue Bedeutung erhielt, wie der amerikanische Soziologe Richard Sennett schreibt: »Die Entstehung des jüdischen Ghettos erzählt die Geschichte eines Volkes, das isoliert wurde, dann aber neue Formen des Gemeinschaftslebens gerade aus dieser Isolation heraus entwickelte.«[107] Ein doppelter Prozess: Die Juden wurden im Laufe der Zeit durch diverse Schikanen immer stärker aus dem Leben Venedigs ausgegrenzt und kapselten sich wie Melchisedech gezwungenermaßen-freiwillig immer mehr ab.

Auch diese zunehmende Entfremdung der Juden vom Stadtgeschehen hat Rilke beschrieben. Wenn der adlige Liebhaber der schönen Esther von seinem Alltag erzählt, klingt das für seine Zuhörer wie Reiseberichte aus exotisch-fernen Ländern: »Hier sitzt Marcantonio auf einem silbergestickten Kissen, dem greisen Juden zu Füßen, und erzählt von Venedig, wie von einem Märchen, das es nirgendwo jemals ganz so gegeben hat. Er erzählt von den Schauspielen, von den Schlachten des venetianischen Heeres, von fremden Gästen, von Bildern und Bildsäulen, von der ›Sensa‹ am Himmelfahrtstage, von dem Karneval und von der Schönheit seiner Mutter Catherina Minelli. (...) Den beiden Zuhörern ist alles fremd; denn die Juden sind streng ausgeschlossen von jedem Verkehr (...).«[108]

Warum errichtete ausgerechnet eine Stadt wie Venedig, in der seit jeher Fremde wohnten und Handel trieben, als erste Stadt der Welt ein Ghetto? Bei Rilke heißt es: »So oft ein Unheil über den Staat hereinbrach, rächte man sich an den Juden; die Venezianer selbst waren von viel zu verwandtem Geiste, als daß sie, wie andere Völker, die Juden für den Handel gebraucht hätten, sie quälten sie mit Abgaben, beraubten sie ihrer Güter, und beschränkten immer

Sie enthalten »das ganze Geheimnis Venedigs«:
Fresken von Tiepolo im Palazzo Labia.

mehr das Gebiet des Ghetto (...).«[109] Nach Ansicht Sennetts hing die Gründung des Ghettos tatsächlich mit einem »Unheil« zusammen, nämlich mit Venedigs größter Staats- und Selbstbewusstseinskrise zu Beginn der Neuzeit. Anfang des 16. Jahrhunderts verlor Venedig seine Monopolstellung im europäischen Handel. Die Portugiesen hatten eine sichere Seeroute nach Indien entdeckt; die Türken hatten 1453 Konstantinopel erobert und bedrohten die Vormacht der *Serenissima* im Mittelmeer, und Venedigs Versuch, sich auf dem Festland zu etablieren, war 1509 mit einer vernichtenden militärischen Niederlage kläglich gescheitert.

Diese Ereignisse innerhalb weniger Jahrzehnte erschütterten das Selbstbewusstsein der Stadt. Man suchte nach Gründen und fand sie in der moralischen Verkommenheit und Sittenlosigkeit der Stadt. Als Zeichen dessen galt die Syphilis, die sich ab 1494 in Italien und in Venedig besonders rasant verbreitete. Syphilis, Rückgang der Wirtschaft, politische Niederlagen: Man brauchte einen Sündenbock und fand ihn in einer Minderheit, die den Christen schon lange suspekt war – den Juden. Aufgrund ihrer religiösen Praktiken (die keiner so genau kannte) galten die Juden als unrein, und diese ›Unreinheit‹ hielt man für ansteckend. Doch die Juden waren ein wichtiger Faktor in der städtischen Ökonomie. Als die besten Bankiers und Geldverleiher und als die besten Stofffabrikanten, Schneider und Goldschmiede waren sie wichtig für eine so auf Prunk und Äußeres bedachte Stadt. Einfach vertreiben wollte und konnte man die Juden nicht, dazu dachten die Venezianer zu sehr ans Geschäft. Also erschien die Ghettoisierung als vernünftiger Schritt. Weil man den vermeintlichen Ansteckungsherd isoliert hatte, war die ›Reinheit‹ der Stadt symbolisch wiederhergestellt. Gleichzeitig profitierte man weiterhin von den Juden, auch indem die Stadt ihnen immer wieder höhere Steuern und Zwangsabgaben abverlangte.

Die Furcht vor körperlicher Berührung der Juden war groß in der weltoffenen Handelsstadt. Sie zeigt sich an einem charakteristischen Detail: Während unter Christen ein Vertrag mit einem Kuss oder mit Händeschütteln besiegelt wurde, verbeugte man sich beim Vertragsabschluss mit Juden nur, in gehöriger Distanz. In Shakespeares »Kaufmann von Venedig« (1596/97) spielt diese Berührungsangst eine zentrale Rolle: Der Jude Shylock schließt mit dem Kaufmann Antonio einen merkwürdigen Vertrag. Als Antonio das geliehene Geld nicht zurückzahlt, fordert Shylock »ein volles Pfund« von seinem Fleisch.[110] Auf den ersten Blick erscheint der Christ Antonio als Ehrenmann, denn er verschuldet sich für einen Freund, Shylock hingegen wirkt wie ein Unmensch. Vordergründig nutzt Shylock seine Position aus und rächt sich am arroganten Antonio, der ihn als Juden immer verachtet hatte. Aber in dieser Rache steckt ein anderer Wunsch, den Shylock im berühmtesten Monolog des Stückes offenbart: »Hat nicht ein Jude Augen? Hat nicht ein Jude Hände, Gliedmaßen, Werkzeuge, Sinne, Neigungen, Leidenschaften?«[111] Shylock will anerkannt werden – nicht nur als Vertragspartner, sondern als ganzer Mensch, den man auch berührt.

Die Berührungsangst vor den Juden zeigte sich noch in einem anderen Umstand. Tagsüber durften die Juden das Ghetto verlassen. Damit man sie erkannte und sich vor ihrer Berührung schützen konnte, mussten sie ein Zeichen tragen. In Gelb, einer Farbe, die verpönt war und zeitweilig auch von den Huren getragen werden musste. Männliche Juden bekamen ein gelbes Abzeichen – ein früher Vorläufer des nationalsozialistischen gelben Judensterns. Für jüdische Frauen galten noch strengere Auflagen. Sie durften weder Schmuck noch kostbare Kleider tragen, aber – wie die Prostituierten – einen gelben Schal. Deshalb trauten sich Jüdinnen nie allein und auch in Begleitung nur selten aus dem Ghetto heraus. Bald verschwanden sie fast gänzlich aus dem Straßenbild Venedigs. Auf diese Weise wurden jüdische Frauen zu einem großen Geheimnis für Christen – und ideale Projektionsfläche für alle möglichen Lüste. Um 1600 gelang es einem englischen Reisenden, Frauen in einer Synagoge im Ghetto zu beobachten: »Ich sah viele jüdische Frauen, von denen einige so schön waren, wie ich es nie zuvor gesehen habe, so überwältigend in ihren Gewändern, mit Goldketten und kostbaren Ringen, daß einige unserer englischen Gräfinnen sie schwerlich übertreffen.«[112] Jüdinnen weckten viele Begehrlichkeiten, aber Christen war der Kontakt zu Jüdinnen verboten, ein Liebesverhältnis stand unter strengster Strafe. Dass in Rilkes Geschichte der Edelmann Marcantonio sein Leben riskiert, wenn er die schöne Esther abends im Ghetto besucht, ist also historisch durchaus zutreffend.

Rilkes Erzählung ist allerdings nicht die Geschichte einer sinnlichen Verführung, weder in die eine Richtung (sinnliche Jüdin verführt Christen) noch in die andere (verderbter Adliger verführt unschuldiges Judenmädchen). Esther bekommt zwar ein Kind von Marcantonio, allerdings in einer Art unbefleckter Empfängnis: »Sie hatte ihn in den Stunden, da sie mit ihm allein gewesen war, so groß und lange angeschaut, daß ihr schien, er wäre damals tief in ihre dunklen Augen gestürzt und gestorben, und jetzt begänne, in ihr selbst, sein neues, ewiges Leben, an das er als Christ doch geglaubt hatte. Mit diesem neuen Gefühl in ihrem jungen Leib, stand sie tagelang auf dem Dache und suchte das

Campo di Ghetto Nuovo, bei Rilke zum ersten Mal
Schauplatz von Literatur

Meer.«[113] Gerade nicht das Sinnliche (das den Juden angedichtet wurde) steht im Mittelpunkt, sondern das Geistige, das hier die Juden verkörpern. Rilkes Erzählung transzendiert den Unterschied der Religionen. Für Esther, ihren blonden zarten Sohn und den alten Melchisedech öffnet sich das Ghetto zum Himmel hin.

In der Realität wurden die Tore des Ghettos im Mai 1797 von Napoleons Truppen geöffnet, zehn bis zwanzig Jahre nach der Zeit, in der die Erzählung spielt.

Zu Rilkes Lebzeiten waren die meisten wohlhabenden Juden aus dem Ghetto ausgezogen. Viele Juden hatten die italienische Einigung 1871 als Chance begriffen, aus ihrer Isolation auszubrechen. Sie fühlten sich als Bürger Italiens und gehörten zur neuen kulturellen Elite, die Fortschritt und Modernisierung des Landes energisch vorantrieb. Giorgio Franchetti z. B. hatte sein Geld nicht nur von der Mutter (sie war eine geborene Rothschild) geerbt, sondern erfolgreich in den Ausbau des Eisenbahnnetzes und neue produktive Anbaumethoden in der Landwirtschaft investiert. Auch in Venedig waren Juden maßgeblich an Veränderungen beteiligt – z. B. beim Ausbau des Nahverkehrs und beim Bau der Luxushotels auf dem Lido. Juden kauften jetzt auch berühmte, aber oft verfallene Paläste, die sie vorher nie hatten betreten dürfen. Manche hatten dazu ein unsentimentales Verhältnis wie Signor Grossini, der Vater von Margherita Sarfatti, der jüdischen Geliebten Mussolinis. Er baute als Erster in einem historischen Palast, dem *Palazzo Bembo*, einen privaten Aufzug ein. Baron Franchetti aber schenkte 1927 der Stadt Venedig die *Ca' d'Oro* mitsamt allen Möbeln und seiner Kunstsammlung – nachdem er die kostspieligen Renovierungsarbeiten bezahlt hatte. Selbst wohnen wollte der Baron übrigens nie in der *Ca d'Oro*, »sie war«, wie Rudolf Kassner schreibt, »zu gut für ihn, den Juden Franchetti, sie war für Dogen bestimmt und ähnliches«.[114]

Im Ghetto wohnten Anfang des 20. Jahrhunderts nur die Ärmsten, immer noch war es überbevölkert und beherbergte viele kleine Läden und Geschäfte. Wer Gebrauchtwaren oder alte Möbel suchte und nicht viel Geld hatte, kaufte dort – wie Rilke, als er sich 1912 im fürstlichen *Mezzanin* einrichtete. Doch zur Stadt gehörte das Ghetto immer noch nicht, auch für alteingesessene Venezianer war es damals *Terra incognita.* Als Rilke im Juni 1912 einmal einen Ausflug ins Ghetto »mit der Gräfin Wallis, ihrer Cousine der Gräfin Amélie Lippe und der kleinen, innen wunderlich kochenden Comtesse« organisierte, schrieb er an Marie von Thurn und Taxis: »Das Gesicht der Kleinen ist so prachtvoll darauf angelegt, Gerüche auszudrücken, Sie können sich vorstellen, wie sehr sie in diesem Milieu Gelegenheit hatte, sich anzuwenden.«[115] Für die adligen Damen war es offensichtlich das erste Mal, dass sie in Berührung mit diesem »Milieu« gerieten. Die Gräfin Wallis war übrigens eine geborene Mocenigo, Nachfahrin jenes Dogen also, zu dessen Amtszeit Rilkes Ghetto-Geschichte spielt, die im Folgenden wiedergegeben wird.

Eine Szene aus dem Ghetto von Venedig

Herr Baum, Hausbesitzer, Bezirksobmann, Ehrenoberster der freiwilligen Feuerwehr und noch verschiedenes andere, aber, um es kurz zu sagen: Herr Baum muß eines meiner Gespräche mit Ewald belauscht haben. Es ist kein Wunder; ihm gehört das Haus, darin mein Freund zu ebener Erde wohnt. Herr Baum und ich, wir kennen uns längst vom Sehen. Neulich aber bleibt der Bezirksobmann stehen, hebt ein wenig den Hut, so daß ein kleiner Vogel hätte ausfliegen können, im Falle einer drunter gefangen gewesen wäre. Er lächelt höflich und eröffnet unsere Bekanntschaft: »Sie reisen manchmal?« »Oh ja –«, erwiderte ich, etwas zerstreut, »das kann wohl sein.« Nun fuhr er vertraulich fort: »Ich glaube, wir sind die beiden Einzigen hier, die in Italien waren.« »So –«, ich bemühte mich etwas aufmerksamer zu sein –, »ja, dann ist es allerdings dringend notwendig, daß wir mit einander reden.«

Herr Baum lachte. »Ja, Italien – das ist doch noch etwas. Ich erzähle immer meinen Kindern –. Zum Beispiel nehmen Sie Venedig!« Ich blieb stehen: »Sie erinnern sich noch Venedigs?« »Aber, ich bitte Sie«, stöhnte er, denn er war etwas zu dick, um sich mühelos zu entrüsten, – »wie sollte ich nicht – wer das einmal gesehen hat –. Diese Piazzetta – nicht wahr?« »Ja«, entgegnete ich, »ich erinnere mich besonders gern der Fahrt durch den Kanal, dieses leisen lautlosen Hingleitens am Rande von Vergangenheiten.« »Der Palazzo Franchetti«, fiel ihm ein. »Die Cà Doro«, – gab ich zurück. »Der Fischmarkt –« »Der Palazzo Vendramin –« »Wo Richard Wagner« – fügte er rasch, als ein gebildeter Deutscher, hinzu. Ich nickte: »Den Ponte, wissen Sie?« Er lächelte mit Orientierung: »Selbstverständlich, und das Museum, die Akademie, nicht zu vergessen, wo ein Tizian ...«

So hat sich Herr Baum einer Art Prüfung unterzogen, die etwas anstrengend war. Ich nahm mir vor, ihn durch eine Geschichte zu entschädigen. Und begann ohne weiteres:

»Wenn man unter dem Ponte di Rialto hindurchfährt, an dem Fondaco de' Turchi und an dem Fischmarkt vorbei, und dem Gondoliere sagt: ›rechts!‹, so sieht er etwas erstaunt aus und fragt wohl gar: ›Dove?‹ Aber man besteht darauf nach rechts zu fahren, und steigt in einem der kleinen schmutzigen Kanäle aus, handelt mit ihm, schimpft und geht durch gedrängte Gassen und schwarze verqualmte Torgänge auf einen leeren freien Platz hinaus. Alles das einfach aus dem Grunde, weil dort meine Geschichte handelt.«

Herr Baum berührte mich sanft am Arm: »Verzeihen Sie, welche Geschichte?« Seine kleinen Augen gingen etwas beängstigt hin und her.

Ich beruhigte ihn: »Irgend eine, verehrter Herr, keine irgendwie nennenswerte. Ich kann Ihnen auch nicht sagen, wann sie geschah. Vielleicht unter dem Dogen Alvise Mocenigo IV., aber es kann auch etwas früher oder später gewesen sein. Die Bilder von Carpaccio, wenn Sie solche gesehen haben sollten, sind wie auf purpurnem Samt gemalt, überall bricht etwas Warmes, gleichsam Waldiges durch, und um die gedämpften Lichter darin drängen sich horchende Schatten. Giorgione hat auf mattem, alterndem Gold, Tizian auf schwarzem Atlas gemalt, aber in der Zeit, von der ich rede, liebte man lichte Bilder, auf einen Grund von weißer Seide gesetzt, und der Name, mit dem man spielte, den schöne Lippen in die Sonne warfen und den reizende Ohren auffingen, wenn er zitternd niederfiel, dieser Name ist Gian Battista Tiepolo.

Aber das alles kommt in meiner Geschichte nicht vor. Es geht nur das wirkliche Venedig an, die Stadt der Paläste, der Abenteuer, der Masken und der blassen Lagunennächte, die, wie keine anderen Nächte sonst, den Ton von heimlichen Romanzen tragen. – In dem Stück Venedig, von dem ich erzähle, sind nur arme tägliche Geräusche, die Tage gehen gleichförmig darüber hin, als ob es nur ein einziger wäre, und die Gesänge, die man dort vernimmt, sind wachsende Klagen, die nicht aufsteigen und wie ein wallender Qualm über den Gassen lagern. Sobald es dämmert, treibt sich viel scheues Gesindel dort herum, unzählige Kinder haben ihre Heimat auf den Plätzen und in den engen kalten Haustüren und spielen mit den Scherben und Abfällen von buntem Glasfluß, demselben, aus dem die Meister die ernsten Mosaiken von San Marco fügten. Ein Adeliger kommt selten in das Ghetto. Höchstens zur Zeit, wenn die Judenmädchen zum Brunnen kommen, kann man manchmal eine Gestalt, schwarz, im Mantel und mit Maske bemerken. Gewisse Leute wissen aus Erfahrung, daß diese Gestalt einen Dolch in den Falten verborgen trägt. Jemand will einmal im Mondlicht das Gesicht des Jünglings gesehen haben, und es wird seither behauptet, dieser schwarze schlanke Gast sei Marcantonio Priuli, Sohn des Proveditore Nicolò Priuli und der schönen Catharina Minelli. Man weiß, er wartet unter dem Torweg des Hauses von Isaak Rosso, geht dann, wenn es einsam wird, quer über den Platz und tritt bei dem alten Melchisedech ein, dem reichen Goldschmied, der viele Söhne und sieben Töchter und von den Söhnen und Töchtern viele Enkel hat. Die jüngste Enkelin, Esther, erwartet ihn, an den greisen Großvater geschmiegt, in einem niederen, dunklen Gemach, in welchem vieles glänzt und glüht, und Seide und Samt hängt sanft über den Gefäßen, wie um ihre vollen, goldenen Flammen zu stillen. Hier sitzt Marcantonio auf einem silbergestickten Kissen, dem greisen Juden zu Füßen, und erzählt von Venedig, wie von einem Märchen, das es nirgendwo jemals ganz so gegeben hat. Er erzählt von den Schauspielen, von den Schlachten des venetianischen Heeres, von fremden Gästen, von Bildern und Bildsäulen, von der ›Sensa‹ am Himmelfahrtstage, von dem Karneval und von der Schönheit seiner Mutter Catharina

Minelli. Alles das ist für ihn von ähnlichem Sinn, verschiedene Ausdrücke für Macht und Liebe und Leben. Den beiden Zuhörern ist alles fremd; denn die Juden sind streng ausgeschlossen von jedem Verkehr, und auch der reiche Melchisedech betritt niemals das Gebiet des Großen Rates, obwohl er, als Goldschmied, und weil er allgemeine Achtung genoß, es hätte wagen dürfen. In seinem langen Leben hat der Alte seinen Glaubensgenossen, die ihn alle wie einen Vater fühlten, manche Vergünstigung vom Rate verschafft, aber er hatte auch immer wieder den Rückschlag erlebt. So oft ein Unheil über den Staat hereinbrach, rächte man sich an den Juden; die Venezianer selbst waren von viel zu verwandtem Geiste, als daß sie, wie andere Völker, die Juden für den Handel gebraucht hätten, sie quälten sie mit Abgaben, beraubten sie ihrer Güter, und beschränkten immer mehr das Gebiet des Ghetto, so daß die Familien, die sich mitten in aller Not fruchtbar vermehrten, gezwungen waren, ihre Häuser aufwärts, eines auf das Dach des anderen zu bauen. Und ihre Stadt, die nicht am Meere lag, wuchs so langsam in den Himmel hinaus, wie in ein anderes Meer, und um den Platz mit dem Brunnen erhoben sich auf allen Seiten die steilen Gebäude, wie die Wände irgend eines Riesenturms.

Der reiche Melchisedech, in der Wunderlichkeit des hohen Alters, hatte seinen Mitbürgern, Söhnen und Enkeln einen befremdlichen Vorschlag gemacht. Er wollte immer das jeweilig höchste dieser winzigen Häuser, die sich in zahllosen Stockwerken über einander schoben, bewohnen. Man erfüllte ihm diesen seltsamen Wunsch gerne, denn man traute ohnehin nicht mehr der Tragkraft der unteren Mauern und setzte oben so leichte Steine auf, daß der Wind die Wände gar nicht zu bemerken schien. So siedelte der Greis zwei

Spielen in Rilkes »Szene aus dem Ghetto in Venedig« eine tragende Rolle: übereinandergestückelte Häuser.

bis dreimal im Jahre um und Esther, die ihn nicht verlassen wollte, immer mit ihm. Schließlich waren sie so hoch, daß, wenn sie aus der Enge ihres Gemachs auf das flache Dach traten, in der Höhe ihrer Stirnen schon ein anderes Land begann, von dessen Gebräuchen der Alte in dunklen Worten, halb psalmend, sprach. Es war jetzt sehr weit zu ihnen hinauf; durch viele fremde Leben hindurch, über steile und glitschige Stufen, an scheltenden Weibern vorüber und über die Überfälle hungernder Kinder hinaus ging der Weg, und seine vielen Hindernisse beschränkten jeden Verkehr. Auch Marcantonio kam nicht mehr zu Besuch, und Esther vermißte ihn kaum. Sie hatte ihn in den Stunden, da sie mit ihm allein gewesen war, so groß und lange angeschaut, daß ihr schien, er wäre damals tief in ihre dunklen Augen gestürzt und gestorben, und jetzt begänne, in ihr selbst, sein neues, ewiges Leben, an das er als Christ doch geglaubt hatte. Mit diesem neuen Gefühl in ihrem jungen Leib, stand sie tagelang auf dem Dache und suchte das Meer. Aber, so hoch die Behausung auch war, man erkannte zuerst nur den Giebel des Palazzo Foscari, irgend einen Turm, die Kuppel einer Kirche, eine fernere Kuppel, wie frierend im Licht, und dann ein Gitter von Masten, Balken, Stangen vor dem Rand des feuchten, zitternden Himmels.

Gegen Ende dieses Sommers zog der Alte, obwohl ihm das Steigen schon schwerfiel, allen Widerreden zum Trotz, dennoch um; denn man hatte eine neue Hütte, hoch über allen, gebaut. Als er nach so langer Zeit wieder über den Platz ging, von Esther gestützt, da drängten sich viele um ihn und neigten sich über seine tastenden Hände und baten ihn um seinen Rat in vielen Dingen; denn er war ihnen wie ein Toter, der aus seinem Grabe steigt, weil irgend eine Zeit sich erfüllt hat. Und so schien es auch. Die Männer erzählten ihm, daß in Venedig ein Aufstand sei, der Adel sei in Gefahr, und über ein kurzes würden die Grenzen des Ghetto fallen und alle würden sich der gleichen Freiheit erfreuen. Der Alte antwortete nichts und nickte nur, als sei ihm dieses alles längst bekannt und noch vieles mehr. Er trat in das Haus des Isaak Rosso, auf dessen Gipfel seine neue Wohnung lag, und stieg, einen halben Tag lang, hinauf. Oben bekam Esther ein blondes, zartes Kind. Nachdem sie sich erholt hatte, trug sie es auf den Armen hinaus auf das Dach und legte zum erstenmal den ganzen goldenen Himmel in seine offenen Augen. Es war ein Herbstmorgen von unbeschreiblicher Klarheit. Die Dinge dunkelten, fast ohne Glanz, nur einzelne fliegende Lichter ließen sich, wie auf große Blumen, auf sie nieder, ruhten eine Weile und schwebten dann über die goldlinigen Konturen hinaus in den Himmel. Und dort, wo sie verschwanden, erblickte man von dieser höchsten Stelle, was noch keiner vom Ghetto aus je gesehen hatte, – ein stilles, silbernes Licht: das Meer. Und erst jetzt, da Esthers Augen sich an die Herrlichkeit gewöhnt hatten, bemerkte sie am Rande des Daches, ganz vorn, Melchisedech. Er erhob sich mit ausgebreiteten Armen und zwang seine matten Augen in den Tag zu schauen, der sich langsam entfaltete. Seine Arme blieben hoch, seine Stirne trug einen strahlenden Gedanken; es war, als ob er opferte. Dann ließ er sich immer wieder vornüberfallen und preßte den alten Kopf an die schlechten kantigen Steine. Das Volk aber stand unten auf dem Platze versammelt und blickte herauf. Einzelne Gebärden und Worte erhoben sich aus der Menge, aber sie reichten nicht bis zu dem einsam betenden Greise. Und das Volk sah den Ältesten und den Jüngsten wie in den Wolken. Der Alte aber fuhr fort, sich stolz zu erheben und aufs neue in Demut zusammenzubrechen, eine ganze Zeit. Und die Menge unten wuchs und ließ ihn nicht aus den Augen: Hat er das Meer gesehen oder Gott, den Ewigen, in seiner Glorie?«

Herr Baum bemühte sich, recht schnell etwas zu bemerken. Es gelang ihm nicht gleich. »Das Meer wahrscheinlich«, – sagte er dann trocken, »es *ist* ja auch ein Eindruck« – wodurch er sich besonders aufgeklärt und verständig erwies.

Ich verabschiedete mich eilig, aber ich konnte mich doch nicht enthalten, ihm nachzurufen: »Vergessen Sie nicht, die Begebenheit Ihren Kindern zu erzählen.« Er besann sich: »Den Kindern? Wissen Sie, da ist dieser junge Adlige, dieser Antonio, oder wie er heißt, ein ganz und gar nicht schöner Charakter und dann: das Kind, dieses Kind! Das dürfte doch – für Kinder –« »Oh«, beruhigte ich ihn, »Sie haben vergessen, verehrter Herr, daß die Kinder von Gott kommen! Wie sollten die Kinder zweifeln, daß Esther eines bekam, da sie doch so nahe am Himmel wohnt!«

Auch *diese* Geschichte haben die Kinder vernommen, und wenn man sie fragt, wie *sie* darüber denken, was der alte Jude Melchisedech wohl erblickt haben mag in seiner Verzückung, so sagen sie ohne nachzusinnen: »Oh, das Meer auch.«

Sechster Spaziergang: Ein Tintoretto in der Kirche Madonna dell'Orto und ein Rilke-Gedicht

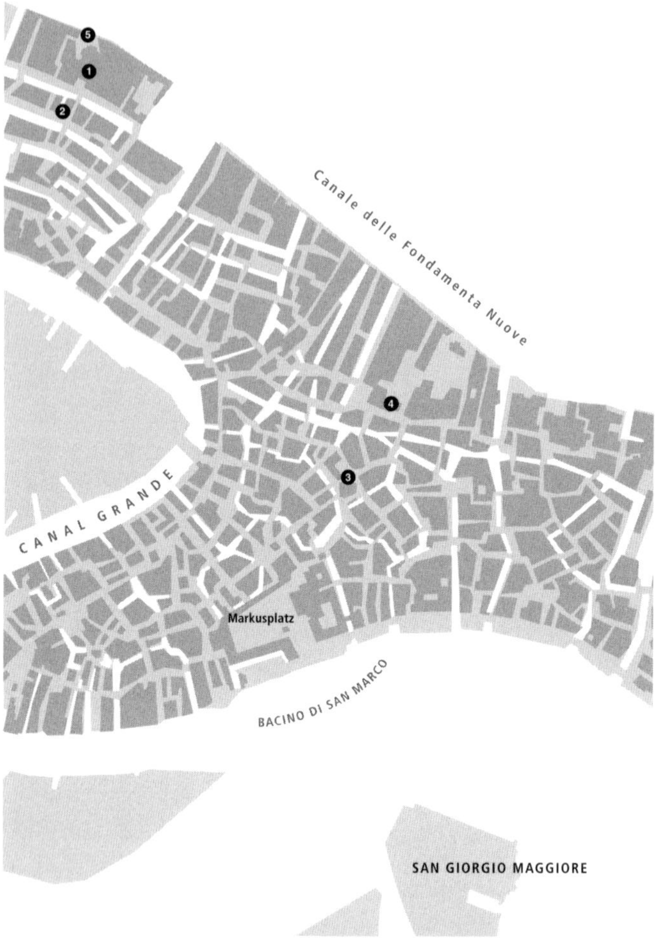

[1] Kirche Madonna dell'Orto [2] Casa Tintoretto [3] Campo Santa Maria Formosa [4] SS. Giovanni e Paolo [5] Bootsanleger Madonna dell'Orto

Die Kirche *Madonna dell'Orto* liegt weitab im Nordosten der Stadt, aber sie ist für Rilke-Fans ein Muss. Hier hängt ein Gemälde von Tintoretto, das Rilke zu einem Gedicht inspirierte. Gedicht wie Gemälde heißen »Die Darstellung Mariae im Tempel« (*Presentazione di Maria al Tempio*). Ein Vergleich ist doppelt erhellend: Mit Rilkes Gedicht versteht man eines der schönsten Bilder Tintorettos besser, sieht das Besondere seiner Malweise, Farbgebung und Bildkomposition. (Auch Tintorettos berühmte Bilderzyklen in der *Scuola Grande di San Rocco* und die Deckengemälde im Dogenpalast erschließen sich mit diesem Rüstzeug leichter.) Und man wird selten einen so guten Einblick in Rilkes Arbeitsweise erhalten; wir erfahren, wie Rilke Gedichte »baute« und welche Rolle Bilder dabei spielten.

Mein Vorschlag: Lesen Sie zuerst das Gedicht und betrachten Sie dann das Bild Tintorettos in der Kirche, mit dem Gemälde Tizians zum gleichen Thema, das wir bereits in der *Accademia* sahen, im Gedächtnis.

Die Darstellung Mariae im Tempel

Um zu begreifen, wie sie damals war,
mußt du dich erst an eine Stelle rufen,
wo Säulen in dir wirken; wo du Stufen
nachfühlen kannst; wo Bogen voll Gefahr
den Abgrund eines Raumes überbrücken,
der in dir blieb, weil er aus solchen Stücken
getürmt war, daß du sie nicht mehr aus dir
ausheben kannst: du rissest dich denn ein.

Tintoretto, »Die Darstellung Mariae im Tempel«.
Vorbild für ein Gedicht aus Rilkes »Marienleben«

Bist du soweit, ist alles in dir Stein,
Wand, Aufgang, Durchblick, Wölbung –, so probier
den großen Vorhang, den du vor dir hast,
ein wenig wegzuzerrn mit beiden Händen:
da glänzt es von ganz hohen Gegenständen
und übertrifft dir Atem und Getast.
Hinauf, hinab, Palast steht auf Palast,
Geländer strömen breiter aus Geländern
und tauchen oben auf an solchen Rändern,
daß dich, wie du sie siehst, der Schwindel faßt.
Dabei macht ein Gewölk aus Räucherständern
die Nähe trüb; aber das Fernste zielt
in dich hinein mit seinen graden Strahlen –,
und wenn jetzt Schein aus klaren Flammenschalen
auf langsam nahenden Gewändern spielt:
wie hältst du's aus?

Sie aber kam und hob
den Blick, um dieses alles anzuschauen.
(Ein Kind, ein kleines Mädchen zwischen Frauen.)
Dann stieg sie ruhig, voller Selbstvertrauen,
dem Aufwand zu, der sich verwöhnt verschob:
So sehr war alles, was die Menschen bauen,
schon überwogen von dem Lob

in ihrem Herzen. Von der Lust
sich hinzugeben an die innern Zeichen:
Die Eltern meinten, sie hinaufzureichen,
der Drohende mit der Juwelenbrust
empfing sie scheinbar: Doch sie ging durch alle,
klein wie sie war, aus jeder Hand hinaus
und in ihr Los, das, höher als die Halle,
schon fertig war, und schwerer als das Haus.[116]

Rilkes Gedicht stammt aus seinem heute nicht mehr so populären Zyklus »Das Marienleben«. In dreizehn Gedichten stellt er hier die Lebensstationen der Muttergottes von ihrer Geburt bis zum Tod dar. Die einzelnen Geschichten stammen aus der *Legenda aurea*, einem Volksbuch aus dem 13. Jahrhundert mit allen wichtigen Heiligengeschichten. Die Marienlegenden sollten vor allem zeigen, dass die zukünftige Mutter Jesu von Geburt an selbst heilig war. So auch in der hier dargestellten Episode: Weil Anna und Joachim lange kinderlos blieben, gelobten sie bei der Geburt Marias, ihr Kind nur dem Gottesdienst zu widmen. Als die Tochter drei Jahre alt war, schickten die Eltern sie in den Tempel. Da das Gotteshaus auf eine Anhöhe gebaut war, musste die kleine Maria fünfzehn hohe Stufen bewältigen, so genau vermerkt es jedenfalls die *Legenda aurea*. Für ein Kind ihres Alters ganz ungewöhnlich, schritt sie die Stufen ohne Hilfe, allein und sicher hoch. Eine Heilige schon als Kleinkind. So weit die Legende, den Stoff hatte Rilke nachweislich aus diesem Buch. Aber die entscheidenden Anregungen für die Gestaltung fand er in den beiden venezianischen Gemälden: »Vieles in den Details und der Anordnung dieser Bilderfolge stammt nicht aus meiner Erfindung: in dem Aufstieg der kleinen Maria zum Tempel wird man unschwer Reminiszenzen an italienische Bilder erkennen (an den Tizian z. B. der Akademie in Venedig, mehr noch an den so ergreifenden Tintoretto in Santa Madonna dell'Orto)«.[117]

Reminiszenzen sind zuallererst die architektonischen Details, in dem Gedicht wimmelt es von Worten, die mit Architektur und Raum zu tun haben: Rilke entnimmt sie beiden Gemälden, die Säulen z. B. von Tizian, das Geländer von Tintoretto. Doch die gesamte Stimmung seines Gedichts ist an Tintoretto orientiert. Bei Tizian bleibt der Betrachter außerhalb und distanziert. Rilke zieht den Leser gleich in das Gedicht hinein, indem er ihn als »Du« anspricht und zum Teil des Geschehens macht, »wo du Stufen nachfühlen kannst; wo Bogen voll Gefahr den Abgrund eines Raumes überbrücken« – ähnlich wie Tintoretto den Betrachter durch die perspektivisch aufregend verkürzte Treppe in sein Bild hineinzieht. Dadurch »fühlt« der Betrachter, wie steil und schwindelerregend hoch die Treppe ist. Tintoretto war ein Meister solcher perspektivischen Verkürzungen. Der begabte Autodidakt (Tizian hatte ihn sofort aus seiner Werkstatt geworfen, als er das Talent seines Lehrlings erkannte) entwickelte seine eigene Malweise, indem er Gliederpuppen aus Wachs verfertigte, sie in die Luft hängte und aus verschiedenen Blickwinkeln studierte.

Auch in einem weiteren zentralen Punkt ist Rilke näher an Tintoretto als an Tizian: in der Darstellung Marias. Bei Tizian nehmen Maria, Treppe, Priester und Tempel nur die Hälfte des Bildes ein, das eigentliche Zentrum bilden die farbenprächtig gekleideten Zuschauer auf der anderen Seite. Hier porträtierte Tizian zahlreiche prominente und vornehm gekleidete Venezianer, darunter seine Auftraggeber, die Mitglieder der reichen Bruderschaft, der *Scuola della Carità*. Darauf kam es dem Maler an. Bei Tintoretto nimmt zwar die Treppe den größten Raum des Bildes ein, das heimliche Zentrum aber ist Maria, obwohl sie klein und weit entfernt ist. Durch einen Lichtstrahl wird der Blick die Stufen hinauf hochgezogen bis zu Marias winziger Gestalt. Ganz in helles Licht getaucht, leuchtet sie vor dem Dunkel der anderen Figuren. Auch das eine Spezialität Tintorettos. Der Maler war berühmt für sein *Chiaroscuro*, die Fähigkeit, nur durch aufblitzende Lichteffekte dramatische Akzente zu setzen.

Fondamenta di Mori 3399: Tintorettos Wohnhaus

Rilke überträgt Tintorettos Kunst auf sein Gedicht – meisterhaft und mit ungewöhnlichen sprachlichen Mitteln. Er setzt Maria in eine Klammer: »(Ein Kind, ein kleines Mädchen zwischen Frauen.)« Eine Klammer hat im Satz normalerweise die Funktion einer interessanten, aber überflüssigen Ergänzung. Indem Rilke die Klammer in einem Gedicht und nur für Maria verwendet, dreht er deren Rolle um: Die Klammer wird zum subtilen Ausrufezeichen, zur zarten Unterstreichung der Tatsache, dass Maria eigentlich noch ein Kind ist, als sie furchtlos vor den Priester tritt, den »Drohenden mit der Juwelenbrust« (auch ihn kann man gut auf Tintorettos Gemälde erkennen).

Doch das Gedicht ist mehr als eine simple Bildbeschreibung in Versen. Rilke schafft eine eigene Architektur, einen eigenen Raum mit Mitteln der Sprache, in der das Wesentliche, die Dramatik von Tintorettos Bild aufgehoben ist.

Bleibt die Frage, was Rilke so an der Figur der kleinen Maria interessierte. Für Tizian und Tintoretto gehörten religiöse Sujets zum täglichen Brot. Rilke aber war ein Dichter der Moderne, die Institution der katholischen Kirche lehnte er zeit seines Lebens ab, und Maria ist hier auch nicht eine seiner unglücklichen Frauengestalten. Im Gegenteil. Maria weiß um ihre Bestimmung, um ihr Los, sie ist klein, aber stark und hat »Lust sich hinzugeben an die innern Zeichen«. Auf diese Sicherheit und diese Lust blickt das lyrische Ich fast neidisch, als wäre es selbst gern an ihrer Stelle. Die Sehnsucht dieses Ich zielt nicht auf die Religion, sondern auf eine klare innere Gewissheit seines eigenen Loses als Künstler, seines Auftrags als Dichter und seiner Hingabe an die Lust sprachlicher Zeichen. Doch anders als Maria steht der Dichter selbst nicht oben im hellen Licht, er betrachtet – wie wir – von unten die Treppe mit den hohen Stufen. Er steht mit uns im Diesseits des Lebens vor der Höhe der Religion bzw. der Kunst. Als moderner Dichter muss Rilke immer wieder neu beim Schreiben einen schwindelerregenden Abgrund überwinden – ohne Marias religiöse Sicherheit.

In der Kirche *Madonna dell'Orto* hängen noch weitere sehenswerte Gemälde Tintorettos. Die meisten malte er umsonst für seine Pfarrkirche. Ganz in der Nähe, am *Fondamenta di Mori* Nr. 3399, steht sein Wohnhaus, in dem er fast sein ganzes Leben verbrachte. Jacobo Robusti, Sohn eines Seidenfärbers – daher sein Spitzname Tintoretto –, war ein Außenseiter der Malerzunft, immer umstritten. Einer der wenigen Maler, die bei ihm lernten, war El Greco, den Rilke ebenfalls sehr schätzte. Tintoretto starb 1594. Mit seiner Familie liegt er in *Madonna dell'Orto* begraben.

Man kann Kirche und Wohnhaus nach dem Ghetto-Spaziergang besuchen. Oder man probiert es wie Rilke vom *Campo Santa Maria Formosa* aus: »Und noch diesen Morgen war ich ganz stolz, den Weg: Sª Maria Formosa, S. S. Giovanni e Paolo bis zur Madonna dell'Orto ohne einen einzigen Fehlschritt, mit stillem Instinkt, gegangen zu sein.«[118]

Für den Rückweg bietet sich das *Vaporetto* vom *Fondamenta Nuove* nach *San Marco* an, bei der Fahrt ganz an der östlichen Außenseite der Stadt kann man sehr gut die Ausdehnung des Arsenals überschauen.

Siebter Spaziergang: Hinter den Kulissen – Paläste am Canal Grande

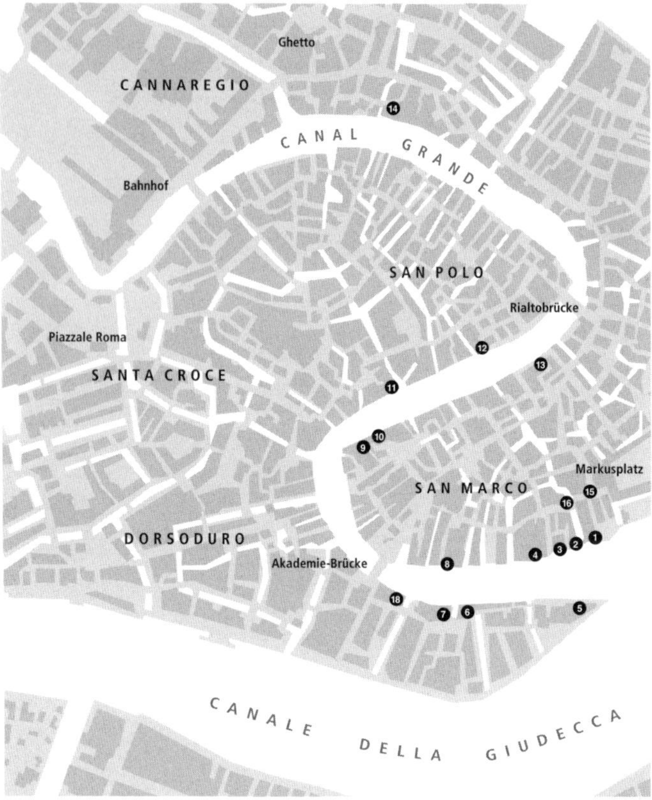

[1] **Hôtel de l'Europe** (Ca' Giustinian) heute Sitz der Biennale [2] **Grandhotel Britannia** (Palazzo Tiepolo-Zucchelli) heute: Hotel Regina e Europe [3] **Hotel Regina** (Rome e Suisse) heute kein Hotel mehr [4] **Grand Hotel** (Palazzo Ferri-Fini) heute kein Hotel mehr [5] **Kirche Santa Maria della Salute** [6] **Palazzo Barbaro-Wolkoff** [7] **Palazzo Dario** [8] **Casetta Rossa** (Casina delle Rose) [9] **Ca' Mocenigo Vecchia** [10] **Palazzo Mocenigo** [11] **Palazzo Barbarigo della Terazza** [12] **Palazzo Papadopoli** [13] **Palazzo Bembo** [14] **Palazzo Vendramin** [15] **Hotel Luna** [16] **Hotel Bauer** (Grünwald) heute: Hotel Bauer

»Eine Fahrt über den Canal grande an den berühmten Palazzi Vendramin und Papadópoli vorbei«[119] nahm Rilke sich für seinen ersten Venedigtag am 28. März 1897, gleich nach seiner Ankunft gegen 18 Uhr, vor. Am Tag darauf schreibt er: »Wir fuhren in einer Gondel den Canal Grande entlang. – Diese steinerne Ahnengalerie machte einen übermächtigen Eindruck auf mich. All' die Namen der stolzen Geschlechter, die schon dem Knaben schmeichelnd in ferne Träume klangen, die Dándolo und Vendramin, die Venier und Mocenigo, die Loredan und Contadini, Grimaldi und Falieri – sie Alle wieder wachgeweckt zu wissen beim Anblick der toten Paläste, in deren stummen Räumen die Feste ihrer Macht schimmerten – war eine seltsame, tiefe Freude, ein ernster Genuß, dessen ich wohl lange nicht vergessen werde.«[120]

Eine der schönsten Arten, Venedig zu erleben, ist eine Fahrt auf dem *Canal Grande*, egal ob mit Gondel, einem *Vaporetto* der schnellen Linie 82, die nicht an jeder Haltestelle anlegt, oder der langsamen Linie 1. Es ist immer wieder reizvoll, bei Tag und bei Nacht. Auf vier Kilometern reiht sich ein Prachtpalast an den anderen, hier errichteten die reichsten und mächtigsten Familien Venedigs ihre Paläste. Ein Museum venezianischer Baukunst aller Zeiten. Und eine schöne Kulisse. Doch was spielte sich hinter den Kulissen ab? Wie lebte es sich in einem solchen *Palazzo* zu Rilkes Zeiten, welche Paläste kannte er? Wo war der Dichter zu Gast?

Die Luxushotels

Der erste Palast, den Rilke 1897 am *Canal Grande* betrat, war sein Hotel: das *Grandhotel Britannia* im *Palazzo Tiepolo-Zucchelli*, kurz vor dem Markusplatz und den königlichen Gärten, auf derselben Seite. Das *Britannia* gehörte damals zu den drei vornehmen Hotels der Stadt, mit Aufzug, Zentralheizung, Garten und 235 Zimmern, das feine englisch bedruckte Briefpapier gab's umsonst. Den Ausblick auch: »Wir saßen wie gestern auf den weit in den canal grande langenden Balconen unseres Hôtels. In sachten Falten hing die Sternennacht über Santa Maria della Salute, die wie ein weißer Wundertraum war, und der breite schwarze Wasserweg verlor sich hinter müden Lichtern ins Ewige.«[121] Heute heißt das Hotel *Europa e Regina*, von der Restaurant-Terrasse direkt am Wasser hat man einen Spitzenblick auf die *Salute*-Kirche (und auf den *Palazzo Cini-Loredan*). Teuer war es damals schon. Doch Rilke hatte einen zahlungskräftigen Sponsor. Nathan Sulzberger, ein jüdischer Chemiestudent aus New York, den Rilke aus München kannte, hatte ihn eingeladen. »Aus ganzem Herzen treue Worte der Freude und des Dankes für die wertvollen Tage« schickte Rilke am 2. April 1897 dem »jungen amerikanischen Freund«, dazu ein Exemplar seines Lyrikbandes »Traumgekrönt« mit Widmungsgedicht, dann brach der Kontakt ab. Erst 1920 erinnerte er sich wieder an den Freund: »Venedig will ›geglaubt‹ sein; als ich es zuerst sah, im Jahre 1897, geschahs als Gast eines Amerikaners!«[122]

Später bezahlte Rilke seine Hotels in Venedig selbst. Sie lagen alle in der Nähe des *Britannia*, auf derselben Seite des großen Kanals, bis auf das *Hotel Luna*, wo er 1911 einige Tage verbrachte – nicht weit weg, fast am Markusplatz, kein schlechtes, aber ein »etwas weniger anspruchsvolles« Haus, im Ranking des Baedeker auf Platz 11 (heute ein Fünf-Sterne-Hotel). Direkt am *Canal Grande* lagen das *Hotel Regina*, wo Rilke 1910 wohnte (heute kein Hotel mehr), und das *Grand Hotel* im *Palazzo Ferri-Fini*. Hier weilte Rilke zweimal von Duino aus, Ende November 1911 und im März 1912, und einmal mit seiner großen Liebe »Benvenuta«, Magda von Hattingberg, im Mai 1914. Das *Grand Hotel* mochte Rilke, hierher ging er oft zum Essen, auch wenn er nicht dort wohnte. Im *Grand Hotel* ließ er sich sogar zum Weintrinken hinreißen: »Und wissen Sie, was mirs dort – gerade heute wieder – angethan hat, jusqu'à la folie?: Ihr herrlicher Orvieto. Wir versuchten ihn zuerst am Abend vor der Abreise der Fürstin T. (...) aber damals nicht am richtigen Ort, im Grand-Hôtel ist er die Verführung selbst ...«[123]

Das beste Hotel, in dem Rilke logierte, war das *Hotel de l'Europe* (Platz 2 bei Baedeker) in der *Ca' Giustinian*, jetzt Sitz der Biennale. Grillparzer, Verdi, Wagner, Gautier wohnten hier, Rilke schrieb im Juni 1920: »Das Europe (ob ich gleich nie dort aß) hat mich fast ruiniert.«[124] Heute kann man hier zwar nicht mehr luxuriös übernachten. Dafür aber gibt es das Café *L'ombra del Leone* mit schönem Blick auf den *Canal Grande* und Preisen, die einen nicht ruinieren.

Palazzo Barbarigo della Terrazza

Ein Stück weiter Richtung Rialtobrücke auf der gegenüberliegenden Seite, nahe der Anlegestelle *San Tomà* neben der Einfahrt zum *Rio San Polo*, liegt der *Palazzo Barbarigo della Terrazza* (heute Deutsches Studienzentrum). Rilke besuchte ihn im November 1907: »Du hättest das Licht eines venezianischen Nachmittags sehen müssen auf diesen flandrischen Wandteppichen, in den maßlosen Spiegeln, die sich selbst enthalten und in die das Rahmenwerk blumig und holzgeschnitzt hineingewachsen ist in seiner barocken Üppigkeit. Und da sind lange Galerieen mit hohen Bildnissen von violetten Kardinälen, purpurnen Prokuratoren und steifen eisernen Generalen, unter denen ein schweres weißes Pferd seinen Schritt aufhebt. Und aus so einem Raum herauszutreten auf die Marmorterrasse – du kannst dir denken, daß das für mich einen Sinn hat.«[125]

Rilke dachte dabei möglicherweise an seinen Roman »Die Aufzeichnungen des Malte Laurids Brigge«. Eine Szene des Buches spielt in einem venezianischen Salon, vielleicht ist sie vom *Palazzo Barbarigo* inspiriert. Viele kennen das Zitat, die meisten allerdings nur den zweiten Teil, in dem Rilke Venedig in poetischen Worten darstellt. Im ersten Teil hingegen lästert der Dichter in bitterbösen Worten über die Touristen:

»Das war in Venedig, im Herbst, in einem jener Salons, in denen Fremde sich vorübergehend um die Dame des Hauses versammeln, die fremd ist wie sie. Diese Leute stehen herum mit ihrer Tasse Tee und sind entzückt, sooft ein kundiger Nachbar sie kurz und verkappt nach der Tür dreht, um ihnen einen Namen zuzuflüstern, der venezianisch klingt. Sie sind auf die äußersten Namen gefaßt, nichts kann sie überraschen; denn so sparsam sie sonst auch im Erleben sein mögen, in dieser Stadt geben sie sich nonchalant den übertriebensten Möglichkeiten hin. In ihrem gewöhnlichen Dasein verwechseln sie beständig das Außerordentliche mit dem Verbotenen, so daß die Erwartung des Wunderbaren, die sie sich nun gestatten, als ein grober, ausschweifender

Wenn die schöne Contessa Mocenigo zur exklusiven Soiree in ihren Palazzo am Canal Grande einlud, kam auch der scheue Dichter gern.

Ausdruck in ihre Gesichter tritt. Was ihnen zu Hause nur momentan in Konzerten passiert oder wenn sie mit einem Roman allein sind, das tragen sie unter diesen schmeichelnden Verhältnissen als berechtigten Zustand zur Schau. Wie sie, ganz unvorbereitet, keine Gefahr begreifend, von den fast tödlichen Geständnissen der Musik sich anreizen lassen wie von körperlichen Indiskretionen, so überliefern sie sich, ohne die Existenz Venedigs im geringsten zu bewältigen, der lohnenden Ohnmacht der Gondeln. Nicht mehr neue Eheleute, die während der ganzen Reise nur gehässige Repliken für einander hatten, versinken in schweigsame Verträglichkeit; über den Mann kommt die angenehme Müdigkeit seiner Ideale, während sie sich jung fühlt und den trägen Einheimischen aufmunternd zunickt mit einem Lächeln, als hätte sie Zähne aus Zucker, die sich beständig auflösen. Und hört man hin, so ergiebt es sich, daß sie morgen reisen oder übermorgen oder Ende der Woche. (...) In kurzem würde es kalt sein. Das weiche, opiatische Venedig ihrer Vorurteile und Bedürfnisse verschwindet mit diesen somnolenten Ausländern, und eines Morgens ist das andere da, das wirkliche, wache, bis zum Zerspringen spröde, durchaus nicht erträumte: das mitten im Nichts auf versenkten Wäldern gewollte, erzwungene und endlich so durch und durch vorhandene Venedig. Der abgehärtete, auf das Nötigste beschränkte Körper, durch den das nachtwache Arsenal das Blut seiner Arbeit trieb, und dieses Körpers penetranter, sich fortwährend erweiternder Geist, der stärker war als der Duft aromatischer Länder. Der suggestive Staat, der das Salz und Glas seiner Armut austauschte gegen die Schätze der Völker. Das schöne Gegengewicht der Welt, das bis in seine Zierate hinein voll latenter Energien steht, die sich immer feiner vernervten –: dieses Venedig.«[126]

Palazzi Mocenigo

Als Rilke diese Passage schrieb, war er selbst ein Fremder in Venedig, erst Jahre später gehörte er zur venezianischen *Society.* In ihren »Erinnerungen« schreibt Marie von Thurn und Taxis: »Er fühlte sich von der venezianischen Lässigkeit angesteckt und beklagte sich ein wenig über unüberwindliche Lustlosigkeit und beständiges Müdesein. So lebte er in den Tag hinein, ein Dasein wie ›unter Spiegelbildern‹, mied die Fremden, die ihn sehr langweilten, sah aber gern von Zeit zu Zeit Damen der venezianischen Gesellschaft in herrlichen alten Palästen, besonders in einem, der Lord Byron als Wohnung gedient hatte und dessen reizende Herrin ihn durch ihre Gesichtszüge und ihre Vornehmheit bezauberte.«[127] Die Dame stammte aus einer Familie, deren klangvoller Name Rilke schon bei seiner ersten Gondelfahrt auf dem *Canal Grande* beeindruckt hatte: Sie war eine Gräfin Mocenigo. Die Familie besaß (neben dem Palast mit dem heutigen Kostümmuseum) drei prunkvolle Gebäude am Großen Kanal, die *Ca' Mocenigo Vecchio* und die beiden *Palazzi Mocenigo*, schräg gegenüber vom *Palazzo Barbarigo della Terrazza.* In einem dieser Paläste wohnte Lord Byron von 1818 bis 1819. Die Familie führte die Tradition des literarischen Salons auch noch zu Rilkes Zeiten fort: »Ich sah ihn (den russischen Maler Wolkoff; B. H.) gestern bei der Gräfin Mocenigo, ich gab mir einen Ruck hinzugehen, erst wars sehr behaglich, dann war aufeinmal ein solcher Aufwand von Menschen da, daß er und ich uns leise aufmachten. In dem vorderen schönen dunklen Saal hielt mich die Gräfin Valentine auf und brachte mich noch einmal entschlossen mit zurück. Das machte sie sehr autoritär und ganz angenehm dabei, sie nimmt sich meiner, scheint

Im Palazzo Barbaro-Wolkoff (links) stritt Rilke nächtelang mit dem Besitzer, Fürst Wolkoff-Muromzoff, über moderne Kunst.

es, sehr an, will auch auf der Stelle Gedichte von mir lesen – aber ich fürchte mich nebenbei ein wenig vor ihr. (...) Die Gräfin Mocenigo war von einer Leichtigkeit der Erscheinung und des Daseins, die schwer zu sagen sind.«[128]

1920 klingen Rilkes Berichte über Salonabende schon ganz anders: »Man läßt sich nicht anmelden, man tritt ein, man geht, man nimmt kleine grelleuchtende Getränke zu sich – und im Grunde ist es langweilig wie überall, wo die Gesellschaft vorgibt, ihren Vergnügungen zu frönen, die nichts als Gewohnheiten sind.«[129]

Palazzo Barbaro-Wolkoff

Auf derselben Seite wie der *Palazzo Barbarigo della Terrazza*, Richtung *San Marco*, kurz vor der Kirche *Santa Maria della Salute*, liegt der *Palazzo Barbaro-Wolkoff*, ein zierlicher roter Renaissancebau. Im Frühsommer 1912 war Rilke hier oft zu Gast. Der damalige Besitzer, Alexander Wolkoff-Muromzoff, ein russischer Künstler, der geerbt hatte, gehört zu den wenigen Männern, mit denen Rilke engeren Kontakt hatte. Rilke kannte den Maler aus Duino, beide interessierten sich leidenschaftlich für zeitgenössische Kunst. Im Mai 1912 stattete Rilke ihm einen »Antrittsbesuch« ab: »Bei Wolkoff war ich einen langen Abend, er sprach, wollte von mir irgend einen Beweis meines Daseins, ich sagte den ›Panther‹, sehr schlecht übrigens, mit dem Gefühl, mit dem man dem Doktor die Zunge zeigt.«[130] Sie trafen sich häufig, auch im Salon der Gräfin Mocenigo, aber es war kein einfaches Verhältnis. »Mit Wolkoff war gestern ein kurzes Handgemenge über Cézanne«, vermeldet Rilke der Fürstin.[131] Ungewöhnlich für den sanften Dichter, mit dem es sonst – glaubt man Rudolf Kassner – »selten zu Diskussionen irgendwelcher Art« kam.[132] Wolkoff störten diese Streitgespräche nicht, er bot Rilke sogar an, bei ihm zu wohnen: »Vorgestern kams über ihn, mir sein Haus zu zeigen, den schönen Raum oben, und plötzlich gab er mir eine Gebrauchs-Anweisung um die andere, wie ich mir's am Besten zuwende. Gestern zeigte es sich dann, daß es ihm ganz ernst war, er nahm gar kein Nein an, das letzte Wort war, er hoffte, ich käme, später wann mirs grade paßte –, und heute reist er ab. Vor dieser neuen Versuchung zur Hoffahrt flücht ich mich zu Ihnen (...).«[133] Weniger »Hoffahrt« als Pragmatismus hielten Rilke davon ab. Denn lieber als bei dem schwierigen Mann wohnte er bei der Fürstin, wie diese richtig erkannte: »Aber als Wolkoff, sehr drängend und keine Absage erlaubend, ihm anbot, in sein entzückendes kleines Palais am Canal Grande zu übersiedeln, wäre unser armer Freund vor Schrekken beinahe krank geworden und schrieb mir sofort, um zu wissen, ob er sich in meine Wohnung flüchten könne.«[134]

Gewohnt hatte hier hingegen einmal, genau in dem schönen Raum, den Wolkoff Rilke zeigte, die berühmteste Schauspielerin ihrer Zeit, Eleonora Duse. Von 1894 bis 1897 hatte sie das Appartement gemietet. Damals stand es sogar im Baedeker. Aus dieser Zeit stammt ein Porträt von ihr, das der schwer in sie verliebte Wolkoff gemalt hatte (sein einziges gutes Bild, wie die Fürstin von Thurn und Taxis einmal süffisant bemerkte).

Für Rainer Maria Rilke war Eleonora Duse ein großes Idol – bis er sie 1912 in Venedig traf. Ihre Begegnung gehörte zu seinen wichtigen, wenn auch anstrengenden Erlebnissen des künstlerisch nicht sehr produktiven Sommers. Vermittelt hatte das Treffen am 1. Juli 1912 der italienische

Schriftsteller Carlo Placci, auch er gehörte zum Duino-Kreis der Fürstin: »Das Schönste will ich Ihnen schnell erzählen; die Duse wollte mich sehen, ich hatte nichts dazu gethan, obwohl's seit zehn Jahren einer meiner großen Wünsche war, ihr zu begegnen; nun kam es, da niemand daran dachte, von selbst, wie eines von jenen Dingen, die mit den Sternen Schritt halten unter uns, fast ohne von uns zu wissen. Und sie wohnt hier ein paar Schritte von meinem Haus, wir sehen uns viel und in Ruhe, sie hat eine unbeschreibliche Langmuth im Menschlichen, die es zuläßt, daß diese Stunden genau das sind, was sie von jeher zu ihrer Zeit werden konnten.«[135]

Über ein Jahrzehnt lang hatte Rilke für die Schauspielerin geschwärmt. Als junger Mann hatte er ihr sogar ein Theaterstück gewidmet: »Die weiße Fürstin«. Es wurde nie aufgeführt, wie überhaupt Rilkes Theaterlaufbahn nur kurz und mäßig erfolgreich war. Seine Liebe zum Theater und seine Bewunderung für die Duse aber blieben. Die Schauspielerin war für ihn der Inbegriff des Tragischen. Das lag nicht nur an ihrer einzigartigen Schauspielkunst, sondern auch an ihrer stürmischen Beziehung zu Gabriele d'Annunzio, an der ganz Europa teilnahm. Eine venezianische Liebesgeschichte, die im Mai 1894 im Luxushotel *Danieli* begann (wo d'Annunzio logierte) und im Jahr 1900 mit einem literarischen Skandal endete. Ein ungleiches Paar: der jüngere, sehr ambitionierte Dichter, bis dahin eher für seine zahllosen Amouren bekannt, und die ernsthafte weltberühmte Schauspielerin. Eine große Leidenschaft und eine fruchtbare künstlerische Zusammenarbeit – vor allem für ihn. Er schrieb nur noch für sie Theaterstücke, sie finanzierte die aufwendigen Inszenierungen. Dabei verlor sie ihr gesamtes Vermögen, denn die Dramen waren nicht besonders büh-

Eleonora Duse auf der Terrasse des Palazzo Barbaro-Wolkoff

nenwirksam, erträglich allenfalls durch ihre überragende Schauspielkunst. Dass d'Annunzio sie wegen einer jungen römischen Aristokratin verließ, erfuhr Eleonora Duse erst aus der Zeitung. Damit nicht genug. Der Schriftsteller brüskierte sie öffentlich. In seinem erotischen Roman »Das Feuer« aus dem Jahr 1900, Schauplatz ist Venedig, porträtierte er sie ziemlich gemein als alternde Diva: »Er hat mich vorgeführt wie ein Tier auf dem Markt«, klagte die Duse.[136]

Die Frau ein Opfer und eine überragende Künstlerin – das musste Rilke ansprechen. 1905 hatte er ihr als Sekretär Rodins einen Brief geschrieben, auf den die Diva nicht antwortete. 1906 bat Rilke Karl von der Heydt in ziemlich schüchternen Worten, ein Treffen mit ihr zu arrangieren. Eleonora Duse weilte anlässlich eines Gastspiels in Berlin und war der gefeierte Star jener Tage. Da von der Heydt sich nicht für seinen Freund einsetzte, Rilke außerdem Zahnschmerzen hatte und nicht ausgehen konnte, kam wieder kein Treffen zustande. Verständlich, dass der Dichter nach so vielen Anläufen, nach so vielen Jahren enthusiastisch reagierte, als er sie endlich traf: »Wir waren wie zwei Schalen und bildeten übereinander eine Fontäne und zeigten einander nur, wie viel uns fortwährend entging. Und doch wars kaum zu verhüten, daß wir uns irgendwie über die Herrlichkeit verständigten, so voll zu sein und vielleicht dachten wir auch im selben Augenblick an den lebendigen senkrechten Strahl, der über uns stieg und fiel (immer noch) und uns so sehr füllte –.«[137] Die Fürstin reagierte sehr verhalten auf Rilkes Brief: »Daß Sie die Duse kennen lernten freut mich sehr – ich kann mir Sie so gut vorstellen – ganz verzückt natürlich – Die Frau ist geschaffen, um einen Dichter zu begeistern.«[138] Bei sich dachte sie anders: »Ich war also beruhigt, als plötzlich eine unerwartete Katastrophe hereinbrach –

in der Gestalt der Eleonora Duse! Nun gab es für den armen Serafico keinen Frieden mehr; er wurde sogleich in ihren Zauberkreis gezogen. (...) Ich kannte die Duse gut. Hatte sie in Augenblicken gesehen, wo sie mir ihr ganzes Herz ausschüttete. Ein wunderbares, überragendes Wesen, aber – eine Verzweifelte. Eine kranke, alternde, tief unglückliche Frau.«[139] Doch natürlich war die Fürstin auch neugierig, deshalb bat sie Rilke: »Seien Sie nett Dottor Serafico und schreiben Sie mir recht oft darüber. Kassner hätte sich auch gewünscht *Eleonora dalle belle mani* kennen zu lernen (...).«[140]

Den ganzen Juli über trafen Rilke und die Duse sich täglich: »Da kam sie oft zu mir die Duse – sie wohnte ganz nah, auf einmal bog ihre Gondel aus der Lagune in meinen Kanal herein, von meinem Schreibtisch aus konnt ich sie erkennen.«[141] Die Schauspielerin wohnte nicht mehr im *Palazzo Barbaro-Wolkoff*, sondern irgendwo in der Nähe des *Mezzanin* auf den *Zattere*. Oft lud sie den Dichter auch zum Abendessen, man plauderte, machte Ausflüge, fuhr mit der Gondel umher. Immer dabei: Lina Poletti, eine junge feministische Autorin und Geliebte der Duse (die Fürstin nennt sie in ihren Briefen despektierlich »Frau P«), die seit Jahren an einem Drama für die Schauspielerin schrieb. Manchmal stieß auch Alexander Moissi dazu, Schauspielstar des deutschen Theaters in Berlin, berühmt für seine Hamlet-Interpretation. Er sollte Eleonora Duse für Max Reinhardts Theater werben. Ein lebhafter, ein lauter Mann. Für Rilke zu laut: »Moissi ... stürzte, drang, brach herein.«[142]

Doch nicht nur die anderen stören. Auch die Duse selbst stört den Dichter. Mit ihren 54 Jahren entsprach sie bei näherem Hinsehen nicht mehr seinem Ideal: »Feig wie ich jetzt bin, wagte ich kaum, sie anzusehen; es bereitete mir eine Art Schmerz, sie so breit und robust zu finden, dieser verstärkte Körper, wie eine Fassung, aus der schon einmal der Stein gefallen ist. Die Furcht, eine Entstellung zu sehen oder einfach etwas, was nicht mehr da ist, hat Schuld, daß ich fast nur den Mund erinnere (...). Und das Lächeln freilich, sicher eines der berühmtesten, die je gelächelt worden sind (...).«[143] Außerdem war die Duse eine richtige Diva, zickte und zierte sich, brach einen Ausflug überstürzt ab, weil ein Pfauenschrei sie erschreckt hatte, eines Nachts verschwand sie einfach. »Rilke war krank vor Aufregung. Am nächsten Morgen war die Duse wieder da.«[144] Rilke kümmerte sich rührend um die Frau (auch das konnte er!), half ihr sogar bei der Wohnungssuche. Doch egal, wo sie waren, die Duse mäkelte: »Jetzt nutzt sie sich ab, verwohnt sich den eigenen Körper (...). Das Haus, das sie meint, ist nicht gefunden, auch genügt eine halbe Stunde, damit sie eine Wohnung abnutze, sogar der Plafond ist nichtmehr zu brauchen. Es geht eine Unlust, dazusein, in gewissen Momenten von ihr aus, die so penetrant ist, daß den Dingen um sie herum gleichsam die Zähne ausfallen –«[145]

In der Kunst bewunderte Rilke sie für ihre Grundhaltung der enttäuschten Liebe, aber im Alltag war dies schwer zu ertragen. Immer wieder stritt sie lautstark mit ihrer jungen Geliebten, weil die mit dem Stück nicht vorankam. Rilke stand dazwischen, redete mit der einen, dann mit der anderen, doch nichts half: »Vorwurf und Bitterkeit, Wehmuth und Ohnmacht ist immer mehr zwischen den beiden, beide lähmend.«[146]

Am 1. August 1912 trennten sich die Frauen und reisten ab. Zurück bleibt ein völlig erschöpfter Rilke: »Seit den Dusetagen, den überaus seltsamen, bin ich ziemlich herunter«, schreibt er der Fürstin. Ihr trockener Kommentar: »Wissen Sie Dottor Serafico ich bin froh daß sowohl die Duse als die Poletti abgeschoben sind – sonst wären Sie wirklich wie von den Ameisen aufgefressen worden.«[147]

Später setzte sich Rilke mehrfach für die Schauspielerin ein, versuchte sogar Sponsoren für sie zu finden – aber alles lieber aus der Ferne. Als die Duse sein »Marienleben« in Nonnentracht aufführen will, lehnt er erschrocken ab: »Auf den ersten Blick ist mir die Sache nicht eben sehr sympathisch.«[148] Und auch treffen wollte er sie nie wieder. 1920 schreibt er an Lou Andreas-Salomé: »Als ich zu allem Überfluß erfuhr, die Duse sei angekommen, krank, um in Venedig Wohnung zu suchen, da schien mir, daß auch nun dieses sich wiederholen sollte, so fürchterlich, daß ich von einem Tag zum anderen davonreiste und zurück in die Schweiz!«[149]

Casetta Rossa

Fast gegenüber vom *Palazzo Barbaro-Wolkoff*, auf der anderen Seite des *Canal Grande*, liegt die *Casetta Rossa*. Das »rote Häuschen«, so genannt wegen des pompejanischen Rots der Fassade, gehörte dem Prinzen von Hohenlohe, dem Bruder der Fürstin von Thurn und Taxis. »Rilke war mit meinem Bruder befreundet, der ein entzückendes kleines Haus am Canal Grande bewohnte. Wir waren fast täglich bei ihm zu Gast, in dem hübschen kleinen Speisezimmer, mit alten Spiegeln tapeziert, in denen sich köstliches Porzellan mit Ansichten der Brenta-Villen und altes Silber spiegelten. Rilke war darüber ebenso begeistert wie über mein Mezzanino auf der anderen Seite des Canals (…).«[150] Während des Ersten Weltkrieges wurde der Prinz von Hohenlohe als Österreicher und Kriegsfeind aus Venedig verbannt

Gabriele d'Annunzio 1915 in Kriegsuniform auf dem Balkon der Casetta Rossa

und musste sein geliebtes Haus verlassen. Er vermietete die *Casetta Rossa* 1915 an einen alten Freund, den Dichter d'Annunzio, der hier sein privates Hauptquartier für seine spektakulären Kriegsaktionen aufschlug.

Achter Spaziergang:
Der Garten Eden auf der Giudecca

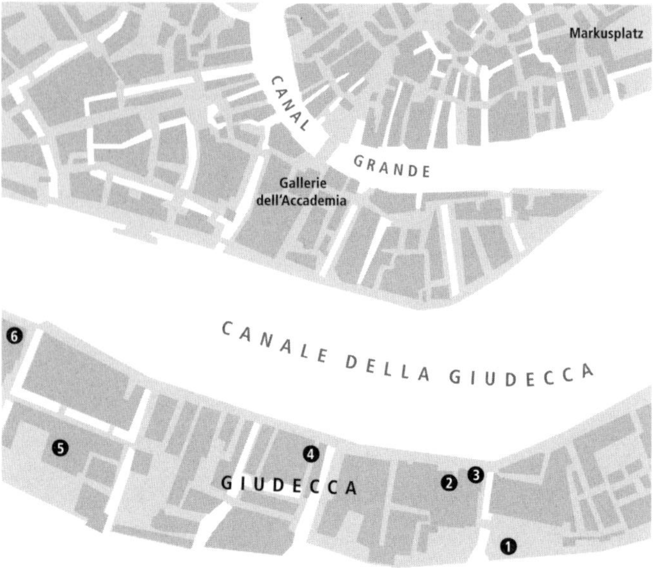

[1] Giardino Eden [2] Kirche Il Redentore [3] Calle dei Frati (führt zum Klostergarten) [4] Trattoria Altanella [5] Convento delle Convertite [6] ehemaliges Mulino Stucky

Einer der Lieblingsplätze Rilkes war der *Garten Eden* auf der *Giudecca*, damals ein Geheimtipp, der in keinem Baedeker verzeichnet war: »Aufeinmal wird man sie entdekken, diese aus alten Mauern überfließenden Gärten, die erst vor ein paar Jahren ein Dichter (Henri de Régnier) wiedergefunden hat, nachdem sie lange wie verloren waren. Sie sind etwas unbeschreiblich Verschwiegenes, und man meint die Stille, die überall ist, muß in ihnen zu etwas Betäubendem werden; sie haben keine Ausdehnung und keine Aussicht, wenn sie nicht, wie der schöne Garten jenes alten Engländers (des Mr. Eden) draußen an der Lagune liegen. Sie müßten versuchen, auf der Fahrt nach einer der Inseln, dort anzulegen (Giardino Eden, Giudecca; im Gärtnerhaus am Eingang fragt man nach der Erlaubnis).«[151]

Ein Garten in Venedig? In der Stadt des Wassers, des Marmors, des vielen Steins? Wer glaubt, Venedig sei keine grüne Stadt, irrt: Die Gärten liegen allerdings hinter hohen Mauern versteckt. Venedig hat eine reiche botanische Tradition. Im 16. Jahrhundert war die Stadt sogar Zentrum der Pflanzenforschung in Europa. Nirgendwo sonst gab es so viele botanische Gärten, die damals in Mode kamen: Experimentiergärten, in denen Nutz- und Heilpflanzen aus dem Orient, exotische Obstbäume, Kräuter und Gemüse angepflanzt wurden. Alle wichtigen Traktate zum Gartenbau aus dem Arabischen und Indischen wurden zuerst in Venedig übersetzt. Im 18. Jahrhundert ersetzte man die meisten Nutzgärten hinter Palastmauern durch die Lustgärten des Barock und Rokoko mit ihren geometrisch gestutzten Hecken, Statuen und Springbrunnen, im 19. Jahrhundert gestaltete man alles »natürlich«, ganz nach der Mode des englischen Gartens.

Die Insel *Giudecca*, eigentlich acht kleine, durch Brücken verbundene Inseln, war aufgrund ihrer Lage schon seit dem 16. Jahrhundert eine richtige Gartenregion. Weit genug entfernt vom lärmenden Zentrum, nah genug für schnelles Hinkommen. Hier bauten die Adligen ihre Sommerresidenzen mit riesigen Parks und Gärten für die *Villeggiatura*, die Sommerfrische. Hier quartierten sie hohe Gäste ein, hier feierten sie rauschende Gartenfeste. Doch seit Mitte des 19. Jahrhunderts zog sich der Adel zurück, verließ seine Sommerhäuser und Villen, viele Gärten verwahrlosten. Erst die Fremden kümmerten sich wieder um die Gartenkultur. Wie der Engländer Frederic Eden, der 1884 auf der *Giudecca* mehrere tausend Quadratmeter Land erwarb, einst ein sagenhafter Park, jetzt nur noch ein von Unkraut überwuchertes Gelände. Doch Mister Eden schaffte es in kurzer Zeit, den Garten wieder auf Vordermann zu bringen. Schon um die Jahrhundertwende ist der *Giardino Eden*, wie er nach seinem neuen Besitzer genannt wurde, wieder berühmt. Ob Adlige, Intellektuelle, Künstler – wer sich erholen wollte, fuhr hierhin. Rilke besuchte den Garten immer, wenn er in Venedig weilte, mit den Damen Valmarana, mit der Fürstin und mit Eleonora Duse, die den *Giardino Eden* besonders liebte.

Doch schon zu Rilkes Lebzeiten war der Garten von neuem bedroht. Rilke schrieb 1920 an Nanny Wunderly: »Dort liegt der Garten, den Sie retten sollten, – denn wenn einmal die verwitwete englische Eigenthümerin stirbt, so sollen auf seinem Bereich (darüber gab es schon Verhandlungen) Fabriken errichtet werden. Die Giudecca, einst das Gartengebiet Venedigs, ist schon reichlich industrialisiert

(...).«[152] Die Industrialisierung war bereits der Grund gewesen, warum viele Sommerresidenzen aufgegeben worden waren. Im 19. Jahrhundert wurde aus dem ruhigen Erholungsort eines der wenigen modernen Industriegebiete Venedigs. Brauereien entstanden hier und Likörfabriken. Industriebauten prägten zunehmend den Charakter der Insel. Das imposanteste Beispiel und bei seinem Bau 1895 sehr umstritten war das *Mulino Stucky* (übrigens von einem Professor aus Hannover, Ernst Wüllekopp, gebaut), bis 1955 Italiens größte Getreide- und Nudelfabrik. Der riesige Bau liegt den *Zattere* gegenüber, ungefähr auf der Höhe der Pension Romanelli, Rilke konnte den klotzigen Backsteinbau 1907 bestens sehen.

Der Garten Eden wurde dann doch nicht industrialisiert, jahrzehntelang galt er als eines der Weltwunder neuzeitlicher Gartenkunst, bis eine Sturmflut ihn 1966 schwer beschädigte. Noch heute ist er der größte private Garten der Stadt und gehört der Hundertwasser-Stiftung. Allerdings sieht der Park wieder aus wie zu Edens Vorzeiten – zumindest das, was man davon sieht. Denn hinein kommt man nicht. Einen Gärtner kann man nicht mehr fragen, das Tor ist fest verschlossen. Eine Seite wird begrenzt von Mauer und Kanal, die andere durch einen Gefängniszaun mit Wachturm – auch das eine Besonderheit der *Giudecca*. Mitte des 19. Jahrhunderts wurden hier mehrere ehemalige Klöster zu Erziehungsheimen und Gefängnissen umgebaut. Mister Eden freute sich damals sogar über die Ruhe, zu der die Gefangenen nebenan verdammt waren. Seit 2008 ist das Männergefängnis zwar nicht mehr in Betrieb und verwahrlost zunehmend, das Gelände ist aber immer noch verschlossen. An der Rückseite des *Giardino* befinden sich ein Rasenplatz und trostlose moderne Sozialbauten.

Giardino Eden, »letzter Überlebender der einst
so reizenden Giudecca-Gärten«.

Lohnt sich der Weg? Mit Rilke in der Tasche schon: »Den Garten (man fährt auf einem stillen äußersten Kanal an seine Pforte) müssen Sie sich flach denken, nur an seinen Rändern rechts und links Baumgestalten und Gruppen; außer zwei kleinen unscheinbaren Gärtnerhäusern steht weder Haus noch Pavillon darin, aber Steinfiguren, rhythmisch, da und dort; wie in einer Reihe von laubigen Intérieurs stehen sie, überspielt von den beweglichen Schatten, die das noch leichte Weinlaub des Juny aus den heiteren Bogengängen über sie hinunterstreut. Im Innersten irgendwo wie ein Teppich ein grünend trübes, marmoren eingerahmtes Wasserstück; lichte Flecke Levkojen, die hohen Stäbe der Malven, Rosen, und das brennend blühende Granatgebüsch vor dem tiepolesk blassen Himmel. *Vor* diesen grünen Räumen aber, durch alte Mauern und beschnittene Hecken getrennt, ein ernster breiter Streifen Rasens, einsam, an den Wassern der Lagune entlang, ein Garten, seltsamer, schwebender, wenn man will trauriger Freiheit, der leer bleibt, wenn man ihn nicht mit inneren Bildern und mit Sehnsucht erfüllt. *Sie* thätens, Nike. Und ging ich dort lautlos neben Ihnen, ich würde, ob es gleich keine Allee ist, meinen Arm sanft auf den Ihren legen.«[153]

Von der einstigen Gartenkultur ist auf der *Giudecca* nur noch wenig übrig geblieben. Zu besichtigen ist, wenn man Glück hat, ein Klostergarten bei der Kirche *Il Redentore* (die man Palladios wegen sowieso aufsucht). Hier pflanzen die Kapuzinermönche Artischocken, Blumenkohl und Kräuter, bauen Wein, Pfirsiche und Äpfel an – wie früher in einem mittelalterlichen Nutzgarten.

Extra: Das Restaurant L'Altanella auf der Giudecca

Auf der *Giudecca* befindet sich das Restaurant *L'Altanella*, in dem man schon zu Rilkes Zeiten gut speisen konnte. D'Annunzio schwärmte von den »Sarde in Saor«, marinierten Sardinen nach altem venezianischem Rezept, die im *L'Altanella* besonders gut schmeckten. Auch heute noch werden dort klassisch-venezianische Gerichte auf einer schönen Terrasse an einem ruhigen Kanal serviert. Ein Besuch lohnt sich. Besonders gut als Dessert: »Uvetta alla Grappa«, ein Gläschen Grappa mit vielen eingelegten Rosinen.

Neunter Spaziergang: Der Lido

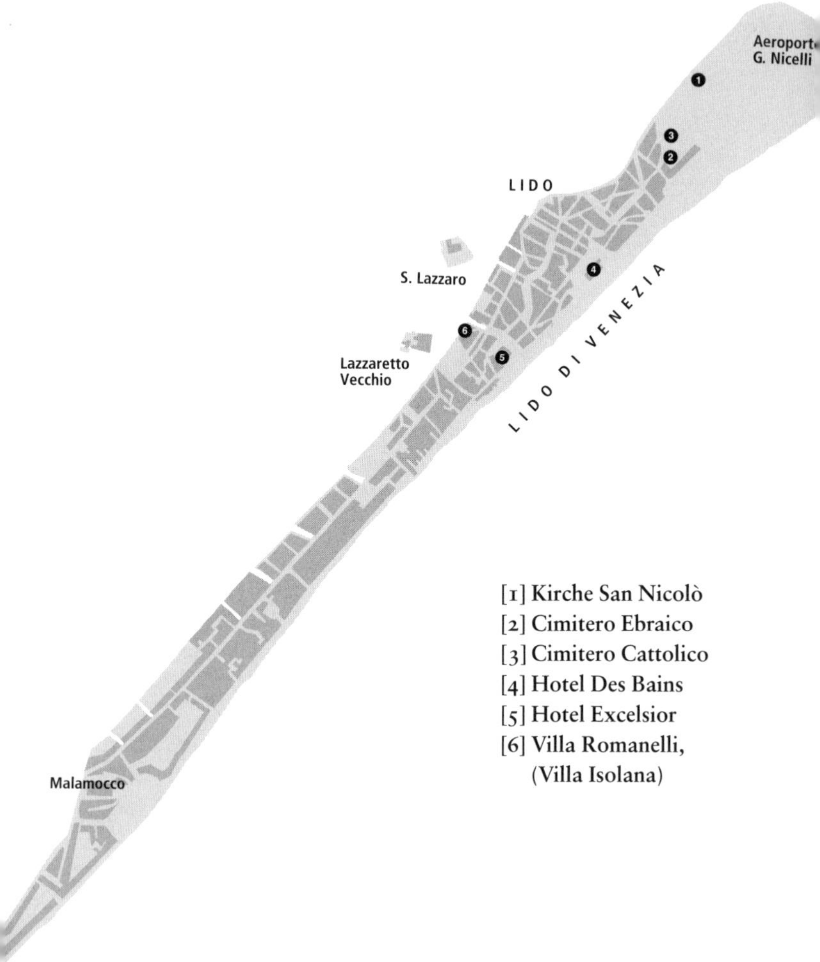
Aeroport
G. Nicelli
LIDO
S. Lazzaro
Lazzaretto
Vecchio
LIDO DI VENEZIA
Malamocco
[1] Kirche San Nicolò
[2] Cimitero Ebraico
[3] Cimitero Cattolico
[4] Hotel Des Bains
[5] Hotel Excelsior
[6] Villa Romanelli,
(Villa Isolana)

Wenn Rilke wieder einmal eine Schreibkrise hatte, wenn er nervös war oder wenn ihn der *Scirocco* quälte, gab es für ihn nur eines – das Dampfboot nehmen und zum *Lido* fahren: »Ich gehe in keine Kirchen, noch Sammlungen, treibe mich ganze Nachmittage draußen auf dem Lido entlang; am äußersten Ende, beim Fort San Niccolo, reicht ein steinerner Damm an die dreiviertel Stunden weit in's Meer hinaus; man kann nicht immer hin, manchmal verwehrts ein Wachposten, wenns aber geht, lauf ich bis ans ganz blaue raumige Ende, völlig allein im strahlendsten offenen Umkreis. Das ist ein wahrer Seegen.«[154]

Bis Mitte des 19. Jahrhunderts war der *Lido* kaum mehr als eine langgestreckte Sandbank vor der Lagune. Viele Italienreisende aus dem Norden sahen hier zum ersten Mal in ihrem Leben das Meer – wie z. B. Goethe, der im Oktober 1786 geradezu ins Schwärmen geriet: »Ich fuhr heute früh mit meinem Schutzgeiste, aufs Lido, auf die Erdzunge, welche die Lagunen schließt und sie vom Meere absondert. (...) Ich hörte ein starkes Geräusch, es war das Meer und ich sah es bald, es ging hoch gegen das Ufer, indem es sich zurückzog, es war um Mittag, Zeit der Ebbe. So habe ich denn auch das Meer mit Augen gesehen, und bin auf der schönen Tenne, die es weichend zurückläßt, ihm nachgegangen. Da hätte ich mir die Kinder gewünscht, um der Muscheln willen; ich habe, selbst kindisch, ihrer genug aufgelesen (...).«[155]

Als Rilke 130 Jahre später den *Lido* schildert, ist von einem solch paradiesischen Naturzustand der Insel nicht mehr die Rede: »Als Standpunkt also und seiner natürlichen Lage nach, wird der Lido nichts verlieren können, aber fragen

Sie mich nun nach ihm selbst, als Ort, mein Gott, mir ist, ich hätt ihn vor fünfzig, sechzig Jahren gekannt, als er noch eine Gegend freier Weingärten und Felder war, so recht eigentlich das ›Land‹ Venedigs stundenweit von Malamocco bis nach der Spitze von San Niccoletto hin, dessen Backsteinfaçade gerade gegen Westen gerichtet, am Abend hinausrückt in eine Umgebung des Bestrahltseins und sanften langsamen Zurückscheinens aus Raum und Gegenstand. Vielleicht hat der Platz vor der Kirche noch etwas behalten von seiner einstigen Verfassung, der kleine Anger nebenan, wo das heiterste der Volksfeste jahrhundertelang sich abspielte, umgab mich neulich noch mit unverdorbener Ländlichkeit und goldig, wie in den Himmel gestickt, bildete sich über ihm der noch leere Albero degli Amanti, eine immense Platane, wie ich nur im südlichsten Frankreich ähnlich schön-erwachsene gesehen habe. Wenn man von S. Niccoletto kommt und sich im Gras nach Blumen umsieht, könnt's wohl vor Zeiten sein, wo aber dann die spannende Überraschung kam, auf kleinen Fußpfaden in einen Hain vorzudringen und unter Dörnicht im Dunkel alte jüdische Grabsteine, einen um den anderen, aufzudecken, – da ist jetzt eine banale, geistlose Ordnung geschaffen, der hebräische Friedhof in einer hohen dummen Mauer eingefriedigt, alles ringsherum aufgeräumt, leer, schon auf dem Weg, ein Bauplatz zu werden. Ein wenig weiter erheben sich auch wirklich schon die schrecklichsten Villenviertel, nach der Stadtseite zu und bis gegen den Strand, wo dann große, ungeheure, übertriebene Hôtels auf einmal die Luft wegnehmen, stupide Häuser, die aussehen, als ob sie dreißig Häuser verschluckt hätten und davon dick geworden wären, mit Fenstern, als sollte ein einziger Mensch, fünfhundertmal schlecht reproduziert, hinter ihnen unterkommen. Dazwischen die banal angelegten modernen Militärbauten, trist, voller Unbeschäftigtsein; genug genug … aber es bleibt natürlich viel herrlicher Strand und dann weiterhin auch noch Gartenland, und reiten könnte man am Meer hin, ohne Ende. (Und das Licht, und der Glanz in der Luft!)«[156]

Rilkes Lagebericht trifft heute noch im Wesentlichen zu: um *San Nicolò* viel abgesperrtes Militärgelände, der jüdische Friedhof ist zwar kein Bauplatz geworden, aber immer noch eingezäunt, viele Asphaltstraßen. Auch der Platz vor der Kirche ist asphaltiert, leer und langweilig.

Und der berühmte Sandstrand des *Lido*?

Rilke liebte den Strand, ganze Tage verbrachte er dort in seiner *Capanna*, die er gemietet hatte. Das war zwar nur eine einfache Strohhütte, aber sie war billig, geräumig und gehörte ihm ganz allein, »so daß man am Strand wie zuhause ist, kommt, geht, sich auskleidet und anzieht, wann es einem paßt, liest, schreibt. (wenn man zu letzterem die Energie aufbringt …).«[157] Selbst hier zeigt sich Rilkes Sehnsucht nach einem eigenen Ort und einer klaren Bestimmung: »Das Leben kommt mir unglaublich vorläufig vor, – aber ich habe heute meine *Capanna* auf dem Lido in Besitz genommen und vielleicht wird es darüber eine Kleinigkeit definitiver.«[158] Es ging Rilke allerdings nicht nur um die Existenz im Allgemeinen, er kam auch zum Lido, um zu baden. Rilke in Badehose? Aber ja! Seit seinem Sommer in Wolfratshausen 1897 achtete er nicht nur auf vegetarisches Essen, sondern übte sich immer wieder in gesunder Lebensführung, an verschiedenen Orten. In Berlin-Schmargendorf, wo er 1899 wohnte, hackte er gern Holz und ging am liebsten barfuß weite Wald- und Wiesenwege. Auf Schloss Duino härtete er sich im Winter durch »eine centaurische Kur« ab: Luftbäder, die ihm »vom Körper her weit in die Seele wohl-

Über die neuen Luxusherbergen auf dem Lido, hier das
»Hotel Des Bains«, konnte der Dichter sich richtig ärgern.

thun«.[159] Als 1920 in Venedig die *Vaporetti* streikten, beklagte er sich bitterlich: »Nichts Neues sonst, außer daß die *Vaporetti* ihren Streik nun seit einer Woche einhalten, was lästig ist, insofern, als, bei der sehr drückenden Hitze, die Flucht auf den Lido und ein Bad recht annehmlich wären.«[160]

Das mondäne Strandleben, wie es für den *Lido* ab Mitte des 19. Jahrhunderts typisch wurde, behagte dem Dichter allerdings nie, Rilke zog die Einsamkeit vor. Seine *Capanna* lag am äußersten Ende des Strandes weit ab vom Treiben wohlhabender Touristen in den großen Luxushotels. Wer darüber mehr erfahren will, liest am besten Thomas Mann. Das tat auch Rilke. Als »Tod in Venedig« 1912 erschien, besorgte er sich die Novelle sofort. Thomas Mann hatte darin unter anderem seine Erfahrungen aus einem Badeurlaub im *Hotel Des Bains* im Jahre 1911 literarisiert: »Er (Gustav Aschenbach; B. H.) ließ sich (...) die gemietete Strandhütte zuweisen, ließ Tisch und Sessel hinaus auf die sandig bretterne Plattform stellen und machte es sich bequem in dem Liegestuhl, den er weiter zum Meere hin in den wachsgelben Sand gezogen hatte. (...) Schon war die graue flache See belebt von watenden Kindern, Schwimmern, bunten Gestalten, welche, die Arme unter dem Kopf verschränkt, auf den Sandbänken lagen. Andere ruderten in kleinen rot und blau gestrichenen Booten ohne Kiel und kenterten lachend. Vor der gedehnten Zeile der Capannen, auf deren Plattformen man wie auf kleinen Veranden saß, gab es spielende Bewegung und träg hingestreckte Ruhe, Besuche und Geplauder, sorgfältige Morgeneleganz neben der Nacktheit, die keck-behaglich die Freiheiten des Ortes genoß.«[161] Von solchen Schilderungen war Rilke ganz begeistert: »Wunderbar berührte mich die venezianische Novelle Thomas Mann's, von der ich (...) erst den ersten Teil kenne: aber der war von meisterhafter Fraktur und mir, der ich ja nahezu Venezianer geworden war, von besonderen Anklängen.«[162]

Zum Baden kommen Touristen nicht mehr nach Venedig. Außer zu den Filmfestspielen Anfang September ist der *Lido* heute auch nicht mehr Anziehungspunkt für Künstler. Das einst internationale Strandleben ist inzwischen fest in der Hand venezianischer Familien. Am belebtesten ist es am freien kommunalen Strand, wo man im Sommer mehr Einheimische als in der Stadt treffen kann. Am exklusivsten geht es beim *Hotel Excelsior* zu. Dort kann eine *Capanna* in der ersten Reihe bis zu 10 000 Euro pro Saison kosten. Die blauweißen Badehäuschen vor dem *Des Bains* kosten zwar ein paar tausend Euro weniger, aber die Atmosphäre hier ist etwas trist. Vielleicht liegt das daran, dass seit 2010 das berühmte Grandhotel geschlossen und mit einem Bauzaun abgeriegelt ist.

Schwer vorstellbar, dass hier einst der internationale Jet Set sich sonnte wie zum Beispiel Marlene Dietrich, die 1937 ihre Ferien am *Lido* im *Des Bains* verbrachte. Mit Tochter Ruth Maria, Ex-Ehemann Rudi Sieber und ihrem Ex-Geliebten Josef von Sternberg. Eines Morgens traf sie am Strand des Hotels Erich Maria Remarque, weltberühmt geworden mit seinem Roman »Im Westen nichts Neues«. Die Nationalsozialisten hatten sein Buch 1933 verbrannt, seither lebte der gebürtige Berliner wie Marlene Dietrich in den USA. Die Diva mochte intellektuelle Männer, Remarque aber hatte den Hollywoodstar im Hotel bisher ignoriert. Marlene Dietrich: »Ich hatte ein Buch von Rainer Maria Rilke unter dem Arm und suchte einen Platz in der Sonne, wo ich mich hinsetzen und lesen konnte. Remarque kam auf mich zu. Er sah den Titel des Buches und sagte ziemlich

sarkastisch: ›Ich sehe, Sie lesen gute Autoren.‹ Ebenso ironisch wie er gab ich zurück: ›Soll ich Ihnen ein paar Gedichte vortragen?‹ Seine stets skeptischen Augen richteten sich auf mich. Er glaubte mir nicht. Eine Filmschauspielerin, die las? Er war verblüfft, als ich ihm meine Lieblingsgedichte vortrug: *Der Panther, Leda, Herbsttag, Ernste Stunde, Kindheit.* ›Gehen wir woanders hin und reden miteinander‹, sagte er. Ich folgte ihm. Ich folgte ihm bis nach Paris (...).«[163]
Rilke war für Marlene Dietrich aber mehr als nur Mittel zum Liebes-Zweck. Schon als junges Mädchen schwärmte sie – wie viele ihrer Generation – für den Dichter. Um seine Verse vorzutragen, wurde sie überhaupt erst Schauspielerin (schreibt sie wenigstens). In ihrer umfangreichen Bibliothek befanden sich immerhin neunzehn Bücher mit Rilkes Werken. Bis zu ihrem Lebensende las sie Rilke, den letzten Gedichtband kaufte sie 1987. Noch als über 80-Jährige schlug sie einem deutschen Radiosender zwei Schallplattenaufnahmen vor: »Marlene Dietrich liest jüdische Witze« und »Marlene Dietrich rezitiert ihre deutschen Lieblingsautoren Goethe und Rilke«. Der Sender Freies Berlin wollte nur Rilke, für 10 000 Dollar. Ob das zu wenig Geld war oder ob die Diva nur beide Projekte zusammen sprechen wollte – Marlene Dietrich nahm schließlich doch keine Platte mit Rilke-Versen auf.

Seitenweg: Die Villa Romanelli (früher Villa Isolana)

Fast ebenso wie das Baden liebte Rilke lange Spaziergänge auf dem *Lido*, meist ging er allein. 1911 aber begleitete ihn hier häufiger Mimi Romanelli. Denn ihr Bruder Pietro ließ in der Zeit eine Villa bauen, in die auch sie einziehen sollte: die *Villa Isolana*, wie sie damals hieß, ein großzügiger Bau mit drei Stockwerken und einem hübschen Garten. Während Mimi der alten kleinen Pension auf den *Zattere* nachtrauerte, brachte Rilke »viel Freude und Zustimmung« für das Anwesen auf und schwärmte von der neuen Wohnlage: »aber Ihre Piazzetta, Ihre Piazzetta: Das ist eines der Dinge, die auf mich wirken wie die Gestirne, die uns von fern gleichgültig berühren und irgendeinen Winkel unseres Herzens verwandeln ...«[164] Mimi Romanelli zog schließlich doch auf den *Lido* und wohnte hier bis zu ihrem Tod 1970. Heute heißt das Gebäude »Villa Romanelli« und ist am besten mit dem Fahrrad zu erreichen.

Zehnter Spaziergang: Sestiere San Polo, Frari-Kirche und Ca' Rezzonico

[1] Pescheria [2] Erberia [3] Campo San Polo [4] Kirche Santa Maria Gloriosa dei Frari (I Frari) [5] Ca' Rezzonico [6] Bàcaro Do Mori [7] Giardini Papadopoli

Der Alltag der einfachen Leute in Venedig interessierte Rilke nie, zu sehr war er mit dem Kunstcharakter der Stadt beschäftigt; auch über die banaleren Seiten seines eigenen Lebens schrieb er nicht viel. Erst bei seinem letzten Venedig-Besuch im Sommer 1920 schildert er auch alltägliche Erlebnisse: Spaziergänge ohne Ziel, Schaufensterbummel, Lottospielen und Einkaufen. Natürlich sind auch diese Aufzeichnungen höchst stilisiert, nie schrieb der Dichter ›einfach so‹. Rilkes Skizzen aus Venedigs Alltag sind oft virtuos komponiert, sie wirken wie gemalte Vignetten: »›Gesehen‹, was man so nennt, habe ich fast nichts (...). Jetzt bin ich unruhig jede Stunde im Hôtelzimmer, es treibt mich durch die engen Calli, die stufigen Brücken hinauf und hinunter, auf denen die kleinen, schrägschultrigen Venetianerinnen einem in ihren schwarzen Tüchern entgegenkommen, erst nur halb sichtbar wie Brustbilder auf dem Grund der transparenten Luft, die wie ein Spiegelinneres vor der wunderbaren rothen oder schwarz-weißen Verwitterung der Paläste sich vertieft, eine unerhört durchsichtige, kaum mehr räumliche Dimension.«[165] Konkrete Orte nennt Rilke leider fast nie, seine Stimmungsbilder kann man nicht in einem systematischen Spaziergang »abhaken«. Deshalb folgender Vorschlag: Wie Rilke ohne Ziel durch die Gegend laufen, vielleicht im *Sestiere San Polo*, Venedigs kleinstem Stadtteil.

Mit der Rialtobrücke war *San Polo* früher Venedigs Handelszentrum für die Schätze aus dem Orient, für Juwelen, Gewürze, seidene Stoffe. Im 20. Jahrhundert wurden viele dieser Läden durch Eiscafés, Pizzerien und Souvenirstände verdrängt. Geblieben sind der Fischmarkt (*Pescheria*) und der Gemüsemarkt (*Erberia*), ein guter Ausgangspunkt für

Fischmarkt mit tausendjähriger Tradition:
die Pescheria am Canal Grande

einen von Rilke inspirierten Morgenspaziergang. Über den *Campo San Polo* gelangt man zur Kirche *Santa Maria Gloriosa dei Frari* mit einem berühmten Bild Tizians, das den Dichter bereits bei seinem ersten Besuch Venedigs begeistert hatte – ganz ohne Kunst geht es bei Rilke nicht. Der Spaziergang endet in Venedigs schönstem historischen Museum, der *Ca' Rezzonico*.

Erberia und Pescheria

Einen der farbigsten Texte während seines letzten Venedig-Aufenthaltes verfasste Rilke über die italienische Kunst, Obst dekorativ anzuordnen. Diese Kunst ist heute noch auf Venedigs Märkten zu bewundern, z. B. auf *Erberia* und *Pescheria*: »Wunderbar, daß das aufpasserische Schicksal mich in solchem Moment nicht in einen Fruchthändler in Venedig verwandelt, Liebe, *das* wäre ein Beruf für mich, alle diese Pfirsiche und Aprikosen zu überwachen, daß sie auf den Mittag zu frisch bleiben, und die überfüllten Feigen, die schon ganz erschöpft ankommen: diese Sorge. Was thut man nur, um im Bewußtsein dieser hinfälligen Früchte eine Täuschung der Kühle zu unterhalten, liest man ihnen lappländische Märchen vor? Der Italiäner, verliebt in alles was ›Erfindung‹ ist, läßt seine Ventilatoren schnurren, als wären es Volksredner, an die rasend angetriebenen Räder sind in manchen Läden Papierstreifen befestigt, die waagerecht über die Früchte hinflattern, zur Fliegenvertreibung, – ja im Hintergrund einer solchen schwarz verfinsterten boutique schien ein ganzes System von Luftwendern und -Bewegern in Gang zu sein: ein wahrer Wind raste aus den unerkennbaren Hinterhalten herüber, die grünen Blätter unter den Fruchtlasten wurden umgeschlagen und die Haare der Verkäuferin stürmten, wie bei einer Goya'schen Hexe, vor sie hin und fast aus dem Laden hinaus. Wunderbar aber ist das kühle durchsichtige Schwarz in der Tiefe dieser niedrigen Verkaufsräume, die, selbst wenn sie an der schattigsten engen Calle liegen, immer noch ein Mehr an Verdunkelung in sich fassen, so daß die Früchte wie auf alten holländischen Bildern nicht allein farbig, sondern auch leuchtend wirken, wirklich wie Gestirne dieses Raumes, farbige Monde und Mondviertel, die alles je empfangene Sonnenlicht in einer eigenthümlichen Sammlung und Stärke ausgeben. Kleine schlanke Caröttchen, die sich über so viel Kühle wunderten, sah ich in dieser Umgebung ein Rosa annehmen, das von manetscher Delikatesse war, dieser Korb mit blassen Würzelchen war wie ein Chef d'œuvre französisch-spanischer Malerei, mit ein bischen neapolitanischem Einschlag. Und nun denken Sie sich in solchem klaren Schwarz das Leben einer Katze oder das plötzliche Aufschauen eines venezianischen Mädchens, einer Käuferin, die nun ihrerseits, eine Möndin der Monde, den Glanz der gewählten Früchte in der Blässe des Gesichts und im Spiegel der Augen weitergiebt.«[166]

Campo San Polo

Dann zum *Campo San Polo*, Venedigs zweitgrößtem Platz, der dennoch eher beschaulich und kein ausgesprochener Touristenort ist. Bei Rilke löste der *Campo* 1912 sehr existentielle Überlegungen aus: »Gewisse Plätze, wie der eben vor S. Pietro, dann der große Campo S. Polo, auf dem Wäsche trocknete, wirkten auf mich, als säh ich sie mit den

Augen der Kindheit, waren so groß, so altmodisch, daß ich klein wurde überm Anschauen und irgendwie abwartend-unerfahren; man kanns nicht sagen. (...) Es hat jetzt sicher noch viel mehr Bezug zu mir als früher –, und doch, wenn ich dran denke dort zu leben, wenn ich überhaupt daran denke, irgendwo zu leben, zerrinnt es ... Immer noch als wäre kein Platz mehr für mich, immer noch geht mir die Zukunft weg wie die Existenz vor dem Frosch unter der Luftpumpe.«[167]

Santa Maria Gloriosa dei Frari

Die Kirche *Santa Maria Gloriosa dei Frari* war eine der wenigen Sehenswürdigkeiten, die Rilke 1920 besuchte. Endlich konnte er hier eines seiner Lieblingsbilder wieder in der originalen Umgebung statt in der *Accademia* sehen: »Mariae Himmelfahrt« von Tizian. Bei seinem ersten Besuch 1897 hing das Gemälde noch im Museum, aber schon da schwärmte Rilke in höchsten Tönen: »Auf einem Wolkenkranze, aus dessen sachten Wellen Amoretten erblühen, schwebt die Heilige den Weiten zu, in deren ewigem Glanz der Vatergott ihrer Reinheit in empfangener Güte harrt. Sie steigt leise wie von den wallenden Wolken gehoben in die Sonnenhöhen einer lohnenden Verklärung. Im aufwärts staunenden Auge Vertrauen, Dank – und eine gewisse Neugier, die Herrlichkeit des Himmels und des Schöpfers strahlenden Segen und die neue ewige Frühlingsheimat zu schauen. – So ist Maria nicht die Gottesjungfrau, die im Dämmern mystischer Sehnsucht den Sohn sucht zur Rechten des Vaters; sie ist das selige Weib, das aus mildem Irren zurückkehrt in das natürliche Erhabensein des edlen Weibes; nicht der

Tizians »Assunta« in der Frari-Kirche brachte den Dichter zum Schwärmen.

Glanz von drüben macht den Himmel ihrer Augen leuchten und ihre Lippen lächeln: eigene Gnade, und der eigenen Hände opferndes Gegebenhaben heiligt sie. Und so sind just diejenigen Bilder, welche die Kirche als Früchte ihrer tiefen Lehren feiert, Feinde aller Christendogmen und sonnige Zeugnisse der ewigen ungeoffenbarten Religion des Guten und des Friedens.«[168]

Rilkes Auslegung wirkt kompliziert, wird aber plausibler, wenn man sich vergegenwärtigt, worum es ihm eigentlich ging. Ziel seiner ersten Italienreise war es, in Auseinandersetzung mit der Stadt und insbesondere ihren Kunstwerken zu einem wirklichen Künstler zu werden. Rilke selbst nannte dies »seine Weihe als Künstler empfangen«. Tizians Bild spielt dabei eine besondere Rolle. Obwohl der Text auf den ersten Blick wie die Schilderung eines Glaubenserlebnisses wirkt, geht es nicht um Religion, sondern um die Feier der Kunst: Nicht die Kirche, sondern das Kunstwerk offenbart die »ewig ungeoffenbarte Religion des Guten«. Indem er diese Botschaft des Meisterwerks versteht, gehört Rilke zu den Eingeweihten und wird somit selbst zum Künstler.

Nach dem Ersten Weltkrieg klingt das anders, viel religiöser. Aber auch jetzt noch ist die Religiosität ein Werk der Kunst: »In der Frari-Kirche neben der großen ›Madonna des Hauses Pesaro‹ ist ein schlankes Fliegergeschoß aufgehängt, wie ein riesiges eisernes Ohrgehäng, das in der Nähe einschlug, ohne anderen Schaden zu thun. Diese Kirche hat neue Dimensionen bekommen, ihre Höhe ist steigender, schwebender, himmlischer geworden durch die bloße Wiedereinsetzung der ›Assunta‹ Tizians in den Rahmen des Hochaltars. In der Accadémia, wo wir sie kannten, war diese Himmelfahrt Mariens ein Gegenstand der Kunstgelehrsamkeit geworden, man konnte meinen, ihr alles an- und abzusehen.

Nun, dem Raum ihrer ersten Bestimmung wiedergegeben, entfaltet sie wieder das doppelte Wunder der marianischen Vollendung und der tizianischen Extase, – die reine Gestalt auf dem Grunde des Chorhauses entschwingt sich, voll göttlichen Abschieds, steigt, drängt, himmelfährt und reißt die ganze Kirche aufwärts in die unermeßlich eröffnete Seeligkeit endgültiger Himmel ...«[169]

Ca' Rezzonico

Den Abschluss dieses Spaziergangs bildet die *Ca' Rezzonico*, Venedigs Museum des 18. Jahrhunderts, am schönsten vom *Canal Grande* aus zu erreichen. Rilke scheute 1903 keine Mühe, in den damals privaten Palast zu gelangen. 1889 war hier der englische Dichter Robert Browning gestorben, der Ehemann Elizabeth Barrett-Brownings, auch sie Dichterin. Ihre Liebesgeschichte war dramatisch: Elizabeth heiratete 1846 den jüngeren Schriftstellerkollegen heimlich, gegen den Willen ihres Vaters. Schon krank, floh sie mit Browning nach Florenz und starb dort 1861, lange vor ihrem Ehemann. Für Rilke war ein solches tragisches Künstlerinnenschicksal natürlich interessant, er übersetzte 1908 die Sonette Elizabeth Brownings, neben zwei Shakespeare-Sonetten seine einzige Übertragung aus dem Englischen.

Auf die Lyrikerin war Rilke durch ein Buch der schwedischen Pädagogin Ellen Key gestoßen, die er auch fragte, ob sie ihm nicht helfen könne: »Aber heute, aus aller Eile heraus, die Frage: ist es möglich in Venedig (wir [d. h. Rilke mit seiner Frau Clara; B. H.] werden zwei Tage dort zubringen) den Palazzo Rezzonico zu betreten und was muß man thun, um diese Vergünstigung zu erreichen? (...) Die

Freude wäre jetzt sehr bedeutungsvoll für mich und ich wäre vorbereitet, die Bildnisse der Brownings und die Dinge zu sehen, über denen ihr schönes Leben eine Weile verweilte.«[170] Ellen Keys Antwort: »Sie können versuchen, bei dem Portier in *Rezzonico* nachzufragen; Sie können ihm sagen, daß Sie Verehrer Brownings sind – ich glaube es geht gegen eine Lira in Trinkgeld! Ich kann später durch die Brownings Erlaubniss schaffen aber nun ist es nicht Zeit dazu.«[171] Das Ehepaar Rilke kam trotzdem hinein: »Man ließ uns ohne weiters im Palazzo Rezzonico ein und wir ergingen uns darin voll guter Gedanken. Mit den Gestalten des Dichterpaares erfüllt (wie Ihr liebes Buch sie uns gegeben hat) fanden wir den Palast nicht leer und das Leben, das ihn durchzitterte kaum noch verhallt. Es war unser bester venezianischer Tag der, als die Gondel uns an die Stufen dieses reichen Palastes trug. Ernst und erhaben lag er da und die rothen tausendfach aufgeblühten Azaleen winkten vor seinen hohen Fenstern und leuchteten über den marmornen Brüstungen wie Jugend und Ewigkeit ...«[172] Es war übrigens nicht so schwer, in den Palast zu kommen, er war schon öffentlich zugänglich, täglich von 9-16 Uhr.

Heute ist die *Ca' Rezzonico* das *Museo del Settecento Veneziano*, Museum des 18. Jahrhunderts. Ein wunderbarer Ort, um sich noch einmal in das 18. Jahrhundert, das Rilke in Venedig so liebte, hineinzuversetzen. Ganz in Rilkes Sinne: »Wenn zu allem Venedig, an das man denkt, noch wie eine kleine zarte Aufmerksamkeit, wie ein Duft der das große Geschenk intimer und reizender macht, das venezianische Dix-Huitième hinzukommt, das, als die letzte lebendige Geste immer noch in der Luft liegt: mit seinen dunkeln Pietro Longhi's, den strahlenden Guardi's, den schon etwas trüben Spiegeln und den Herren und Damen, die an-

Pietro Longhi, »Unterhaltung zwischen Masken«, 1750-1760.
Die Ca' Rezzonico ist ein wunderbarer Ort, um sich
in das 18. Jahrhundert, das Rilke in Venedig
so liebte, hineinzuversetzen.

onym wie Madrigale, in der Bäuta verborgen, einander begegnen und trennen, um in Gondeln lautlos voneinander fortzugleiten. Von da aus, von dieser letzten Pantomime her, in der es ausging, erfaßt man, scheint mir jetzt, am sichersten dieses wunderliche Venedig (...).«[173] Das klingt wie eigens für das Museum geschrieben, Rilke kannte es aber nicht, denn es wurde erst 1936 eröffnet.

Heute hängen hier viele Bilder, die Rilke damals an anderen Orten sah. Präsentiert werden sie im prächtigsten Ambiente des 18. Jahrhunderts. Mit dem Bau des Palastes begann man bereits im 17. Jahrhundert, dann starb der Architekt Baldassare Longhena, und die Besitzer gingen pleite. Mitte des 18. Jahrhunderts verkauften sie das fertige erste Stockwerk an die Rezzonico, eine sehr reiche, aus Genua zugezogene Familie. Gerade erst hatten sie sich für 100 000 Dukaten in die venezianische Aristokratie eingekauft, (immerhin 2 % der gesamten Staatseinkünfte der Republik in diesem Jahr) plus noch einmal 60 000 Dukaten, die sie für wohltätige Zwecke stifteten. Auch beim Palast sparten sie an nichts und beschäftigten nur die besten Architekten und Innendekorateure. 1756 war der Prachtbau fertig. Gerade rechtzeitig. Denn Carlo Rezzonico wurde 1758 zum Papst gewählt. Unter der Ägide von Papst Clemens XIII., wie er sich nannte, wurde der *Palazzo* kultureller Mittelpunkt der Stadt, allerdings nicht der geistlichen Aktivitäten. Hier feierte man die rauschendsten Feste, die buntesten Karnevalsredouten, Konzerte und Theateraufführungen. Diese Atmosphäre lässt sich noch heute erahnen. In der hohen Halle im Erdgeschoss steht eine kostbar gearbeitete Gondel, wie sie früher jede Adelsfamilie besaß. Über eine große Steintreppe gelangt man in das *Piano nobile* mit einem riesigen Ballsaal, ausstaffiert mit protzigen Sesseln,

Vasenständern und anderen Prunkmöbeln. In diesem Ambiente kommen die Bilder des 18. Jahrhunderts besonders gut zur Geltung: Ein ganzer Saal mit Gemälden von Pietro Longhi (1702-1785) zeigt kleine Genreszenen aus dem venezianischen Alltag der einfachen Leute, Karnevalsmasken, aber auch Kurioses wie ein Rhinozeros. Francesco Guardi (1712-1793) malte Szenen aus der besseren Gesellschaft: adlige junge Nonnen, die hinter Klostergittern ihre Verwandten empfangen, und kostbar vermummte Masken, die im prachtvollen *Palazzo Moisè* Karneval feiern.

Auch die venezianische Malerin Rosalba Carriera, für deren pastellige Porträts Rilke ein besonderes Faible hatte, ist vertreten (viele Bilder von ihr auch in der *Accademia*). Malerisch bedeutsamer sind die großen Deckengemälde Giambattista Tiepolos (1696-1770) in den Repräsentationsräumen des ersten Stocks: immer wieder andere allegorische Figuren (Ruhm, Weisheit, Kraft und Verdienst) in wollüstigen Posen und kostbaren Seidenstoffen, welche die Körper mehr ent- als verhüllen. Tiepolo feiert vor allem das festliche Venedig – und natürlich seine reichen Auftraggeber, die Rezzonico.

Zu dieser duftigen Welt des Rokoko gibt es im Museum ein helldunkles Gegenstück: einen Raum mit Fresken, die Tiepolos Sohn Giandomenico für das private Sommerhaus der Familie, die *Villa Zianigo*, malte. Für die adligen Auftraggeber schufen Vater und Sohn, die oft gemeinsam arbeiteten, »lichte Bilder auf einem Grund von weißer Seide«, wie es in Rilkes »Szene aus dem Ghetto in Venedig« heißt. Im eigenen Haus aber zeigte Giandomenico eine andere Seite dieser Welt. Auch bei ihm ist Weiß die vorherrschende Farbe, allerdings in vielen fahlen Abstufungen. Auf hellem Grund tummeln sich lauter Missgestalten, Groteske, Bucklige mit obszön langen Nasen, Verrunzelte. Mittelpunkt vieler Bilder ist *Pulcinella*, der neapolitanische Rüpel, eine der fiesesten Karnevals-Masken. Giandomenico Tiepolos Freskenzyklus stellt mehr dar als nur die lustige Karikatur der offiziellen Welt. Sie ist eine private Dokumentation des Untergangs der Republik im 18. Jahrhundert.

Extra: Ein Ombra im Bàcaro Do Mori

Wer es, was Essen und Trinken betrifft, venezianischer als Rilke mag und weniger empfindlich auf Lärm, Gedränge und kräftiges Essen reagiert, kann im *Sestiere San Polo* auf einen *Ombra*, ein Gläschen im Schatten, einkehren. In den sogenannten *Bàcari*, kleinen Weinlokalen mit einfacher Küche, von denen in diesem Stadtteil einige zu finden sind, trinkt man (meist im Stehen) ein Glas Weißwein oder Prosecco und ißt *Cicheti*, kleine Vorspeisen in zahlreichen Varianten – Venezianer beginnen damit schon am späten Vormittag. Zu den ältesten *Bàcari* der Stadt gehört das *Do Mori*, wo es Venedigs besten und frischesten Prosecco gibt.

Elfter Spaziergang:
Abschied: San Giorgio Maggiore

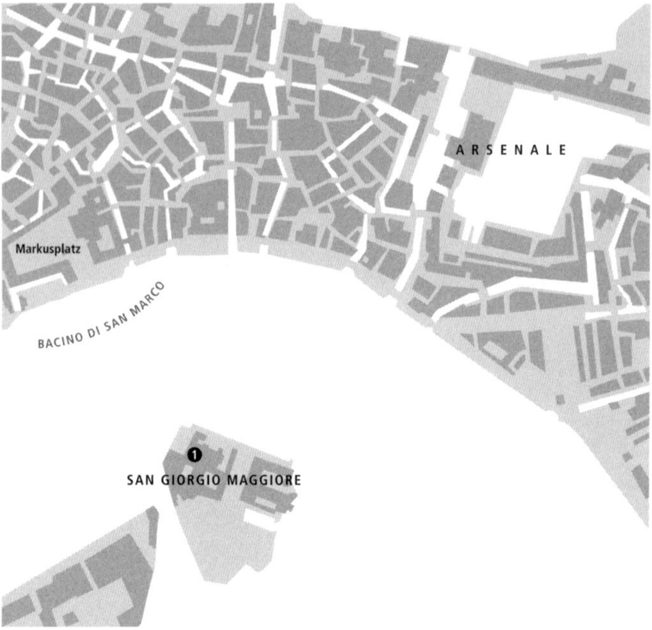

[1] Kirche San Giorgio Maggiore

Für den letzten Tag ihrer Venedig-Reise gab Rilke Gisela von der Heydt einen besonderen Rat: »Aber, gegen Abend einmal, müssen Sie San Giorgio Maggiore besuchen, diesen Mond, der immer, bleich scheinend, der Sonne gegenübersteht, die Venedig ist. Und wenn es an einem Ihrer letzten venetianischen Tage ist, oder am letzten selbst, so besteigen Sie den Turm: hinaustretend unter die freigehängten Glokken, werden Sie nach allen Seiten hin die Herrlichkeit offen sehen, die weiterreicht als der Blick. Sie werden da und dort eine Kuppel errathen, einen Thurm, das leuchtende Gesicht einer Façade. Und alles wird schon etwas Unwahrscheinliches haben, etwas Unerreichbares, etwas von einer Vision (...).«[174]

Die kleine Insel *San Giorgio Maggiore* liegt gegenüber von *Piazzetta* und Dogenpalast, in zwei Minuten ist sie mit dem *Vaporetto* zu erreichen. Die meisten Touristen besuchen nur die berühmte Kirche von Antonio Palladio mit Tintorettos sehenswerten Spätwerken (u. a. »Das Abendmahl« von 1594). Noch sehenswerter aber ist der Blick vom *Campanile* über Venedig. Gegen einen Obolus für die Benediktinermönche, die den Aufzug des Turms betreiben, hat man einen atemberaubenden Rundumblick auf Venedig, seine Kanäle, die umliegenden Inseln und die Wasser der Lagunen. Wie sonst nur auf Stadtplänen und alten Stichen überblickt man den gesamten Stadtkörper mit allen verschiedenen Teilen. Besonders beeindruckend ist es, wenn eine der historischen Regatten stattfindet und sich – wie auf Canalettos Veduten – die festlich geschmückten Gondeln direkt unterhalb des Turms im *Bacino di San Marco* versammeln. Reisedramaturgisch gesehen ein hervorragender

Rilkes Tipp für den letzten Reise-Tag: die Insel San Giorgio Maggiore
mit Palladios gleichnamiger Kirche

Abschiedsblick, den der Dichter der jungen Braut ans Herz legte.

Rilkes eigener Abschied von Venedig verlief nicht so stimmungsvoll. Seine beiden letzten Besuche nach 1912 waren geprägt von Dissonanzen, Streit und Enttäuschung. Im Mai 1914 verbrachte der Dichter vier Tage in der Lagunenstadt mit der Pianistin Magda von Hattingberg (Rilke-Fans besser bekannt als »Benvenuta«, wie der Dichter sie nannte, »die Willkommene«), einer seiner großen Lieben – in Briefen. Das reale Zusammenleben war – wie immer – schwierig. Nach einem katastrophalen Besuch auf Schloss Duino (die Fürstin mochte Magda nicht und ließ sie wie eine Angestellte für die anderen Gäste Klavier spielen) trennte sich das Paar in Venedig. Als Rilke sich bei der Fürstin ausweinte, wusch sie ihm den Kopf: »Dottor Serafico!!! Eigentlich möchte ich Sie furchtbar verschimpfen – ich glaube Sie würden es nothwendig brauchen wirklich ausgezankt zu werden wie ein baby – der Sie ja auch eines sind, obwohl dabei ein großer Dichter ... Aber Dottor Serafico! *Jeder* Mensch ist einsam, und *muß* es bleiben und *muß* es aushalten (...). Und was brauchen Sie immerfort dumme Gänse retten zu wollen, die sich selbst retten sollen – oder der Teufel soll die Gänse holen (...) Es kommt mir vor, D. S. daß der selige Don Juan ein Waisenknabe neben Ihnen war – Und Sie thun sich immer solche Trauerweiden aussuchen, die aber gar nicht so traurig sind in Wirklichkeit, glauben Sie mir – *Sie*, *Sie selbst* spiegeln sich in allen diesen Augen –«[175]

Rilkes letzter Venedig-Besuch fand vom 11. Juni bis zum 13. Juli 1920 statt und verlief eigentlich noch dramatischer. Alles war wie sonst – auf den ersten Blick. Nach einer kurzen Zeit im *Hotel de l'Europe* wohnte Rilke im *Mezzanino*, wie immer, plauderte abends mit den Damen Valmarana und durchstreifte tagsüber die Stadt. Aber Rilke hatte sich verändert. Und die Stadt auch. Der Erste Weltkrieg bedeutete für den Dichter einen »heillosen Abbruch des früheren«. Zwar hatte er ihn in einem Militärarchiv in Wien äußerlich unbeschadet überstanden. Aber während der ganzen Zeit hatte er kaum etwas geschrieben, die »Duineser Elegien« waren Stückwerk geblieben. Rilke ahnte, dass mit dem Zusammenbruch des Habsburger Reiches auch seine bisherige Existenz als Dichter der Aristokratie in Frage gestellt war. Auch das Alter quälte ihn. Mit vierzig war er nicht mehr der aufstrebende Dichtersohn. Rilkes Hauptwort dieser Zeit lautete »Bruchstelle«: An die »Bruchstellen« von 1914 wollte er anknüpfen, an Freundschaft und Schutz der Fürstin von Thurn und Taxis und die alten Lebensweisen in Venedig. Es gelang nicht. Allein die Formalien! Als Österreicher musste Rilke sich mit diversen Passformalitäten herumschlagen, bevor er überhaupt nach Venedig einreisen durfte. Und dann die Preise: »Der niedere Stand der Lira macht sich durch die enormen Summen bemerkbar, die, zumal dem Fremden, abverlangt werden (Beispiel: ich kaufte einen Rasierpinsel, da der meine vergessen worden war –; er kostete 50 Lire und war nicht von der besten Qualität. Dies hab ich nun zur Münzeinheit erhoben und sage von den Dingen: dies kostet: zwei, drei, so und soviel Rasierpinsel).«[176] Doch unter der Teuerung litten auch die Alteingesessenen – sogar die Aristokraten, die vorher nie über Geld nachgedacht hatten, mussten jetzt rechnen. Das gesamte soziale Gefüge in Venedig hatte sich verschoben, wie der Dichter bemerkte: »Trotz meines sorglosen und trefflichen refuge im Mezzanino, es ist alles franchement theuer, gemessen an den einstigen Verhältnissen –, die wenigsten Venezianer, bei den Valmarana's angefangen, haben noch ihre Gondel, da die Gondoliers, selbst im festen Engagement, neben ihren sonstigen Vergünstigungen, 40 Lire täglich beanspruchen, – der Fremde zahlt jetzt die Stunde mit 10 bis 12 Frcs, was völlig ausschließt, daß man, wie sonst, die Gondel warten läßt, – wie viel Veränderungen überall, wenn man genauer zusieht, auf der Piazza, in den alten Cafés Florian, Quadri, keine ›Gesellschaft‹ mehr, niemand von den echten alten Venezianern, höchstens ein paar Herren vorübergehend, ebenso abends auf dem Canal –, ein paar Fremde, sonst niemand, statt der Gondeln aber viele Barken, die man sonst nur ganz ausnahmsweise sah, in denen das Volk, auch z. B. die Gondolieri, die tagsüber genug verdient haben, mit ihren Familien umherfahren ... Seit elf Tagen keine ›Vaporetti‹, tägliche ostentative Promenaden der feiernden Angestellten, die ruhig durch die Stadt wandeln, woher das Geld für einen so ausführlichen Ausstand?«[177]

Immer wieder gab es Streiks – mal war es die Post (für den Vielschreiber Rilke eine Katastrophe), mal streikten die Dampfschiffe: »Die Vaporetti streiken seit einer Woche, man wäre ihnen dankbar für ihre Abwesenheit, wenn nur dabei die Gondeln nicht unerschwinglich geworden wären.«[178] Schmerzhaft erlebte Rilke in Venedig, wie überholt sein bisheriger Lebensstil war: »Vor der Hand merk ich nur, daß sich das Leben nicht in der Weise, wie ich meinte, an die Bruchstellen der Vorkriegszeit wird ansetzen lassen –, es ist doch alles verändert, und jenes zum ›Genuß‹, zur arglosen und immerhin etwas müßigen Aufnehmung eingestellte Reisen, kurz das Reisen des reisenden ›Gebildeten‹ wird ein für alle Mal abgelaufen sein. Das ›geht leer‹ in Zukunft, was natürlich nicht hindert, daß es viele fortsetzen werden, ohne sich über die Abgethanheit ihres Unternehmens Rechenschaft zu geben. Ich meine alles ästhetische Anschauen, das nicht unmittelbar Leistung ist, wird fortan unmöglich sein, – unmöglich im Grunde z. B., in einer Kirche ›Bilder zu bewundern‹ (...). Sie glauben gar nicht, Fürstin, wie anders, wie *anders* die Welt geworden ist, es handelt sich darum, das zu begreifen.«[179]

Erstmals liest man nun auch Kritisches über seine aristokratischen Gönner und den sozialen Abgrund, der ihn letztlich von ihnen trennt: »Und ich fühlte wieder, wie wenig (das nebenbei) die Valmarana's sich vorstellen können, *was* ich brauche; auch die Fürstin T. *kann es nicht*, sie hat so eine vague idée, daß ich, im allgemeinen, mit einem Minimum an Bedürfnissen auskomme, wie genau bestimmt die zehn Bedürfnisse aber sind, die im Rahmen dieses Minimums schließlich zu erfüllen bleiben, wenn mein Dasein geschützt, klar und fruchtbar sein soll: dafür fehlt ihr der Blick, die Liebe und die Geduld. Diese Menschen waren seit Jahrhunderten zu sehr gewöhnt, anzunehmen, daß die Bedingungen des praktischen Daseins eine Domestiquen-Frage seien im letzten Grunde, wobei gerade die Grundlagen einer Umgebung ihnen immer entgehen müssen: dort beginnt Bereich und Leistung der Domestiquen. Das erklärt dieses es-zuletzt-doch-nicht-gut-haben in ihren wunderbar gepflegten Häusern (...).«[180]

Als Eleonora Duse sich ankündigte, nahm Rilke das als willkommenen Vorwand. Hals über Kopf floh er am 13. Juli 1920. Nie wieder kehrte der Dichter nach Venedig zurück. Seine neue Wahlheimat fand er in der Schweiz – und auch eine neue mütterliche Freundin: keine Adlige, sondern die Industriellengattin Nanny Wunderly-Volkart, eine sehr solide Frau, hilfsbereit, fürsorglich und praktisch. Ihr schick-

William Turner, San Giorgio Maggiore,
von der Dogana aus gesehen

te er z. B. Wunschlisten – von Briefcouverts bis »Bettsöckli« (Originalton Rilke) besorgte sie ihm alles. Die »Elegien« vollendete der Dichter 1922 in Muzot. Auf ungewöhnliche Weise widmete er sie seiner alten Freundin und Mäzenin: »Die Duineser Elegien. Aus dem Besitz der Fürstin Marie von Thurn und Taxis-Hohenlohe.«

Über *San Giorgio Maggiore* hatte Rilke bereits 1908 eines seiner großen Venedig-Gedichte geschrieben: »Venezianischer Morgen« – ein schönes, ein schwieriges Gedicht. Es handelt von Venedig als Stadt, die sich in unendlichen Spiegelbildern konstituiert. Die Spiegelexistenz Venedigs gehört zu den häufigsten Venedig-Motiven, stellt fast schon ein Klischee dar. Aber auch hier ist mit Rilke etwas Besonderes zu entdecken: die städtebauliche Anlage Venedigs. Bei Rilke spiegelt sich die Stadt in *San Giorgio Maggiore*. Das ist mehr als eine Metapher. Es bezeichnet präzis den Ort der Insel-Kirche im Ensemble der wichtigsten Gebäude der Stadt. Von *Piazzetta* und Dogenpalast aus sieht man die Hauptfront von Palladios Kirche. Dafür hatte die Stadtregierung im 17. Jahrhundert gesorgt, sie ließ damals ein Klostergebäude vor der Kirche abreißen, »damit die Kirche von allen auf der Piazza oder im Dogenpalast gesehen werden kann«. Nicht als einzelne sollte die Kirche mit ihrer Kuppel wirken, sie wurde wichtigster Protagonist eines städtebaulichen Dialogs mit anderen Gebäuden und Kirchenkuppeln der Stadt. Aus solchen Blickachsen oder, wenn man so will, Spiegelungen entsteht erst der architektonische Gesamteindruck der Stadt, immer wieder neu, je nachdem, von welchem Standort aus betrachtet. Wie in Rilkes Gedicht:

Venezianischer Morgen

Richard Beer-Hofmann zugeeignet

Fürstlich verwöhnte Fenster sehen immer,
was manchesmal uns zu bemühn geruht:
die Stadt, die immer wieder, wo ein Schimmer
von Himmel trifft auf ein Gefühl von Flut,

sich bildet ohne irgendwann zu sein.
Ein jeder Morgen muß ihr die Opale
erst zeigen, die sie gestern trug, und Reihn
von Spiegelbildern ziehen aus dem Kanale
und sie erinnern an die andern Male:
dann giebt sie sich erst zu und fällt sich ein

wie eine Nymphe, die den Zeus empfing.
Das Ohrgehäng erklingt an ihrem Ohre;
sie aber hebt San Giorgio Maggiore
und lächelt lässig in das schöne Ding.

Zitatnachweise

Einleitung

1 Stefan Zweig, Die Welt von Gestern. Erinnerungen eines Europäers. © S. Fischer Verlag GmbH, Frankfurt am Main 2003, S. 167.
2 Zit. nach Ingeborg Schnack, Rainer Maria Rilke. Chronik seines Lebens und seines Werkes, Frankfurt am Main 1975, Bd. I, S. 172 (an K. X. Kappus, 29. 10. 1903).
3 Rainer Maria Rilke, Briefe, hg. vom Rilke-Archiv Weimar, besorgt von Karl Altheim, Frankfurt am Main 1987, S. 182 (Brief an Clara Rilke 11. 10. 1907).
4 Rainer Maria Rilke, Die Aufzeichnungen des Malte Laurids Brigge, Frankfurt am Main/Leipzig 2000, S. 21.
5 Rainer Maria Rilke, Briefwechsel mit Anton Kippenberg 1906 bis 1926, Frankfurt am Main/Leipzig 1995, Bd. I, S. 341 (an Anton Kippenberg, 13. 5. 1912).
6 Rudolf Kassner, Rilke. Gesammelte Erinnerungen 1926-1956, Pfullingen 1976, S. 30.
7 Zweig, S. 172.
8 Rainer Maria Rilke und Marie von Thurn und Taxis, Briefwechsel, Frankfurt am Main 1986, Bd. I, S. 133 (5. 4. 1912).
9 Zit. nach Helmut Wocke, Rilke und Italien, Gießen 1940, S. 73.
10 Marie von Thurn und Taxis, Erinnerungen an Rainer Maria Rilke, Frankfurt am Main 1983, S. 7.
11 Ebd., S. 102 f.
12 Ebd., S. 8 f.
13 Rainer Maria Rilke, Die Briefe an Karl und Elisabeth von der Heydt 1905-1922, Frankfurt am Main 1986, S. 147 (= Brief an Gisela von der Heydt, 24. 3. 1908).
14 Marie von Thurn und Taxis, Erinnerungen, a. a. O., S. 27.
15 Ebd., S. 68.
16 Rainer Maria Rilke, Briefe aus Muzot, Leipzig 1937, S. 409 (17. März 1926).
17 Rainer Maria Rilke, Briefe (hg. von Karl Altheim), a. a. O., S. 183 (an Clara, 11. Okt. 1907).

18 Kassner, Rilke, S. 15.
19 Zit. nach Joachim W. Storck, Rilkes frühestes Venedig-Erlebnis, in: Blätter der Rilke-Gesellschaft, Heft 16/17 (1989/90), S. 19 bis 32, hier S. 22 (an Nora Goudstikker, 25. 3. 1897).
20 Brief an Gisela von der Heydt, 24. 3. 1908., a. a. O., S. 144.
21 Rainer Maria Rilke, Das Florenzer Tagebuch, Frankfurt am Main/Leipzig 1994, S. 25 f.

Erster Spaziergang

22 Rainer Maria Rilke, Briefe an Sidonie Nádherný von Borutin, Frankfurt am Main 1973, S. 47 (19. 11. 1907).
23 Ebd., S. 48.
24 Rainer Maria Rilke, Briefe (Hg. von Karl Altheim), a. a. O., S. 214 (an Clara Rilke, 20. 11. 1907).
25 Zit. nach Ralph Freedman, Rainer Maria Rilke. Der Meister 1906 bis 1926 (= Freedman, Bd. II), Frankfurt am Main/Leipzig 2002, S. 58 (26. 11. 1907).
26 Zit. nach ebd. (1. 12. 1907).
27 Rainer Maria Rilke, Briefe an Nanny Wunderly-Volkart, Frankfurt am Main 1977, Bd. I, S. 261 f. (5. 7. 1920).
28 Rainer Maria Rilke, Briefe an eine venezianische Freundin, Leipzig 2011, S. 39.
29 Ebd., S. 17 (7.12.1907).
30 Ebd., S. 69 (11.5.1910).
31 Rainer Maria Rilke, Die Aufzeichnungen des Malte Laurids Brigge, Frankfurt am Main 2000, S. 110.
32 Rainer Maria Rilke, Sämtliche Werke, Frankfurt am Main 1987, Bd. I, S. 686 f.
33 Briefe an Sidonie, S. 155 (7. 6. 1912).
34 Briefe an Sidonie, S. 155 (7. 6. 1912).
35 Briefwechsel mit Marie von Thurn und Taxis, Bd. I, S. 149 (14. 5. 1912).
36 Ebd., Bd. I, S. 155 (18. 5. 1912).
37 Ebd., Bd. I, S. 143 (9. 5. 1912).
38 Ebd., Bd. I, S. 149 (14. 5. 1912).
39 Marie von Thurn und Taxis, Erinnerungen, S. 59 f.

40 Zit. nach Rätus Luck, »Mezzanino«: Rainer Maria Rilke und die Damen Valmarana, in: Blätter der Rilke-Gesellschaft, Heft 16/17 (1989/90), S. 43-55, hier S. 43 f.
41 Rainer Maria Rilke, Briefe aus den Jahren 1914-1921, Leipzig 1937, S. 298 (an Gräfin M., 25. 6. 1920).
42 Briefwechsel mit Marie von Thurn und Taxis, Bd. I, S. 162 (5. 6. 1912).
43 Marie von Thurn und Taxis, Erinnerungen, S. 60.
44 Briefwechsel mit Marie von Thurn und Taxis, Bd. I, S. 162 f. (5. 6. 1912).
45 Zweig, S. 171.
46 Rainer Maria Rilke, Briefwechsel mit Benvenuta, Eßlingen 1954, S. 77 (15. 2. 1914).
47 Briefwechsel mit Marie von Thurn und Taxis, Bd. I, S. 174 (6. 7. 1912).
48 Ebd., S. 160 (28. 5. 1912).
49 Briefe an Nanny, S. 255 (22. 6. 1920).
50 Briefwechsel mit Marie von Thurn und Taxis, Bd. I, S. 162 (5. 6. 1912).
51 Zweig, S. 171.
52 Rainer Maria Rilke, Briefe an die Mutter 1910-1926, Frankfurt am Main und Leipzig 2009, S. 153 (19.6.1912).
53 Briefe an Nanny, S. 263 (6. 7. 1920).
54 Briefwechsel mit Benvenuta, S. 76 (15. 2. 1914).
55 Briefe an Nanny, S. 262 (5. 7. 1920).
56 Ebd., S. 256 (22. 6. 1920).
57 Rainer Maria Rilke/Lou Andreas-Salomé, Briefwechsel, Frankfurt am Main 1989, S. 273 (19. 12. 1912).
58 Briefe 1914-1921, S. 298 f. (an Gräfin M., 25. 6. 1920).
59 Briefwechsel mit Marie von Thurn und Taxis, Bd. I, S. 155 (18. 5. 1912).
60 Zweig, S. 169.
61 Zit. nach Ralph Freedman, Rainer Maria Rilke. Der junge Dichter 1875 bis 1906, Frankfurt am Main/Leipzig 2001, S. 307.
62 Marie von Thurn und Taxis, Erinnerungen, S. 47.
63 Briefwechsel mit Marie von Thurn und Taxis, Bd. I, S. 75 (15. 12. 1911).

64 Rainer Maria Rilke, Briefe an Schweizer Freunde, Frankfurt am Main/Leipzig 1994, S. 93 (an Dory Von der Mühll, 1. 7. 1920).
65 Briefwechsel mit Marie von Thurn und Taxis, Bd. II, S. 605 (23. 6. 1920).

Zweiter Spaziergang

66 Zit. nach Storck, S. 25 (an Nora Mathilde Goudstikker, 28. 3. 1897).
67 Briefwechsel mit Lou Andreas-Salomé, S. 163 (13. 5. 1904).
68 Rilke, Florenzer Tagebuch, S. 25.
69 Briefe (hg. von Karl Altheim), a. a. O., S. 174 (an Clara Rilke, 7. 10. 1907).
70 Brief an Gisela von der Heydt, 24. 3. 1908., a. a. O., S 147-149.

Dritter Spaziergang

71 Briefwechsel mit Marie von Thurn und Taxis, Bd. I, S. 149 (14. 5. 1912).
72 Zit. nach Storck, S. 23 (an Nora Mathilde Goudstikker, 27. 3. 1897).
73 Brief an Gisela von der Heydt, 24. 3. 1908., a. a. O., S. 147.
74 Briefwechsel mit Marie von Thurn und Taxis, Bd. I, S. 128 f. (22. 3. 1912).
75 Briefe an Nanny, S. 262 (5. 7. 1920).
76 Zit. nach Storck, S. 24 (an Nora Mathilde Goudstikker, 28. 3. 1897).
77 Rilke, Sämtliche Werke, Bd. I, S. 610 f.
78 Zweig, S. 165.
79 Eckart Peterich, Italien. Ein Führer. Erster Band: Oberitalien, Toskana, Umbrien. © Prestel Verlag, München 1985, S. 124 f.
80 Brief an Gisela von der Heydt, 24. 3. 1908., a. a. O., S. 147.
81 Briefe an Schweizer Freunde, S. 89 (an Dory Von der Mühll, 22. 6. 1920).
82 Rilke, Sämtliche Werke, Bd. I, S. 611.
83 Ebd., S. 526.

Vierter Spaziergang

84 Rilke, Sämtliche Werke, Bd. I, S. 609 f.
85 Briefe an Sidonie, S. 49 (24. 11. 1907).
86 Briefwechsel mit Marie von Thurn und Taxis, Bd. I, S. 15 f. (29. 4. 1910).
87 Briefe an Sidonie, S. 147 (8. 3. 1912).
88 Briefwechsel mit Marie von Thurn und Taxis, Bd. I, S. 121 (2. 3. 1912).
89 Dante, Die Göttliche Komödie. Deutsch von Friedrich Freiherrn von Falkenhausen, Frankfurt am Main 1974, S. 93 f.
90 Malte, S. 21.
91 Rilke, Eine Szene aus dem Ghetto in Venedig, Sämtliche Werke, Bd. IV, S. 339.
92 Marie von Thurn und Taxis, Erinnerungen, S. 20 f.
93 Rilke, Sämtliche Werke, Bd. I, S. 687.
94 Zit. nach Ulrich Fülleborn/Manfred Engel (Hg.), Rilkes ›Duineser Elegien‹. Frankfurt am Main 1982, Bd. II, S. 189 f. Auf S. 207 ist der lateinische Text der Inschrift abgedruckt.

Fünfter Spaziergang

95 Johann Wolfgang Goethe, Tagebuch der Italienischen Reise 1786, Frankfurt am Main 1976, S. 100 f.
96 Rilke, Sämtliche Werke, Bd. IV, S. 339.
97 Ebd., S. 338.
98 Rainer Maria Rilke/Mathilde Vollmoeller, Briefwechsel 1906 bis 1914, Frankfurt am Main/Leipzig 1993, S. 133 (11. 2. 1912).
99 Brief an Gisela von der Heydt, 24. 3. 1908., a. a. O., S. 151.
100 Rilke, Sämtliche Werke, Bd. IV, S. 339.
101 Marie von Thurn und Taxis, Erinnerungen, S. 44 f.
102 Rilke, Sämtliche Werke, Bd. IV, S. 339.
103 Attilio Milano, Storia degli ebrei in Italia, Torino 1992, S. 521.
104 Rilke, Sämtliche Werke, Bd. IV, S. 341 f.
105 Ebd., S. 342.
106 Ebd., S. 341.

107 Richard Sennett, Fleisch und Stein. Der Körper und die Stadt in der westlichen Zivilisation, Frankfurt am Main 1997, S. 274.
108 Rilke, Sämtliche Werke, Bd. IV, S. 341.
109 Ebd.
110 William Shakespeare, Der Kaufmann von Venedig, in: Dramen, Bd. I, übers. von A. W. Schlegel, D. Tieck und W. Graf Baudissin, Berlin/Weimar 1987, S. 235 (I,3).
111 Ebd., S. 259 (III,1).
112 Zit. nach Sennett, Fleisch und Stein, S. 304.
113 Rilke, Sämtliche Werke, Bd. IV, S. 343.
114 Rudolf Kassner, Zum Briefwechsel zwischen R. M. Rilke und der Fürstin Marie von Thurn und Taxis-Hohenlohe, in: Briefwechsel mit Marie von Thurn und Taxis, Bd. I, S. XIII-XXXVII, hier S. XXXI.
115 Briefwechsel mit Marie von Thurn und Taxis, Bd. I, S. 163 (5.6. 1912).

Sechster Spaziergang

116 Rilke, Sämtliche Werke, Bd. I, S. 667 ff.
117 Zit. nach Manfred Engel (Hg.), Rilke-Handbuch. Leben – Werk – Wirkung, Stuttgart 2004, S. 356 (an Gräfin Sizzo, 6. 1. 1922).
118 Briefe an Schweizer Freunde, S. 89 (an Dory Von der Mühll, 22. 6. 1920).

Siebter Spaziergang

119 Zit. nach Storck, S. 23 (an Nora Mathilde Goudstikker, 27. 3. 1897).
120 Ebd., S. 24 (an Nora Mathilde Goudstikker, 28. 3. 1897).
121 Ebd.
122 Ebd., S. 21 (Brief an die Gräfin Mirbach, 25. 6. 1920).
123 Briefe an Schweizer Freunde, S. 93 (an Dory Von der Mühll, 1. 7. 1920).
124 Ebd., S. 90.
125 Briefe 1907-1914, S. 26 f. (an Clara Rilke, 22. 11. 1907).
126 Malte, S. 191 ff.

127 Marie von Thurn und Taxis, Erinnerungen, S. 60.
128 Briefwechsel mit Marie von Thurn und Taxis, Bd. I, S. 148 (14. 5. 1912).
129 Briefe an Nanny Wunderly-Volkart, a. a. O., S. 263 (6. 7. 1920).
130 Briefwechsel mit Marie von Thurn und Taxis, Bd. I, S. 147 (14. 5. 1912).
131 Ebd., S. 154 (18. 5. 1912).
132 Kassner, Rilke, S. 86.
133 Briefwechsel mit Marie von Thurn und Taxis, Bd. I, S. 157 (22. 5. 1912).
134 Marie von Thurn und Taxis, Erinnerungen, S. 59.
135 Zit. nach Rilke und die Duse, S. 93 (an Helene von Nostitz, 16. 7. 1912).
136 Zit. nach Maria Gazzetti, Gabriele d'Annunzio, Reinbek b. Hamburg 2000, S. 63.
137 Briefwechsel mit Marie von Thurn und Taxis, Bd. I, S. 170 (12. 7. 1912).
138 Ebd., S. 175 (20. 7. 1912).
139 Marie von Thurn und Taxis, Erinnerungen, S. 61.
140 Briefwechsel mit Marie von Thurn und Taxis, Bd. I, S. 175 f. (20. 7. 1912).
141 Briefwechsel mit Benvenuta, S. 77 (15. 2. 1914).
142 Briefwechsel mit Marie von Thurn und Taxis, Bd. I, S. 172 (12. 7. 1912).
143 Ebd., S. 170 (12. 7. 1912).
144 Marie von Thurn und Taxis, Erinnerungen, S. 65.
145 Briefwechsel mit Marie von Thurn und Taxis, Bd. I, S. 189 (3. 8. 1912).
146 Ebd., S. 178 (20. 7. 1912).
147 Ebd., S. 196 (26. 8. 1912) und S. 191 f. (8. 8. 1912).
148 Zit. nach Rilke und die Duse, S. 123 (an Helene von Nostitz, 17. 7. 1914).
149 Briefwechsel mit Lou Andreas-Salomé, S. 421 f. (31. 12. 1920).
150 Marie von Thurn und Taxis, Erinnerungen, S. 41 f.

Achter Spaziergang

151 Brief an Gisela von der Heydt, 24. 3. 1908., a. a. O., S. 149.
152 Briefe an Nanny, S. 256 (22. 6. 1920).
153 Ebd., S. 257.

Neunter Spaziergang

154 Briefwechsel mit Marie von Thurn und Taxis, Bd. I, S. 130 (29. 3. 1912).
155 Johann Wolfgang Goethe, Italienische Reise. Sämtliche Werke, Hanser-Ausgabe, Bd. 15, München 1992, S. 104.
156 Briefe an Sidonie, S. 153 f. (10. 4. 1912).
157 Briefe an die Mutter, a. a. O., S. 147 (22. 5. 1912).
158 Briefwechsel mit Marie von Thurn und Taxis, Bd. I, S. 153 (18. 5. 1912).
159 Ebd., S. 139 (9. 4. 1912).
160 Ebd., Bd. II, S. 606 (28. 6. 1920).
161 Thomas Mann, Tod in Venedig und andere Erzählungen. © S. Fischer Verlag GmbH, Frankfurt am Main 1973, S. 30.
162 Rainer Maria Rilke, Briefe an das Ehepaar S. Fischer, Zürich 1947, S. 70 (an Hedwig Fischer, 6. 11. 1912).
163 Marlene Dietrich, Ich bin, Gott sei Dank, Berlinerin. Memoiren. Ullstein Verlag, Berlin 1997, S. 210 f. Abdruck mit freundlicher Genehmigung der Marlene Dietrich Collection GmbH.
164 Briefe an eine venezianische Freundin, a. a. O., S. 75 (2. 12. 1911).

Zehnter Spaziergang

165 Briefe an Nanny, S. 253 (21. 6. 1920).
166 Ebd., S. 258 f. (1. 7. 1920).
167 Briefwechsel mit Marie von Thurn und Taxis, Bd. I, S. 133 (5. 4. 1912).
168 Zit. nach Storck, S. 25 (an Nora Mathilde Goudstikker, 28. 3. 1897).
169 Rainer Maria Rilke, Die Briefe an Frau Gudi Nölke. Wiesbaden 1953, S. 57 (24. 6. 1920).

170 Rainer Maria Rilke/Ellen Key, Briefwechsel. Frankfurt am Main/ Leipzig 1993, S. 37 f. (18. 8. 1903).
171 Ebd., S. 38 (20. 8. 1903).
172 Ebd., S. 39 (3. 11. 1903).
173 Briefe an Sidonie, S. 51 (25. 11. 1907).

Elfter Spaziergang

174 Brief an Gisela von der Heydt, 24. 3. 1908., a. a. O., S. 150.
175 Briefwechsel mit Marie von Thurn und Taxis, Bd. I, S. 404 (6. 3. 1915).
176 Briefe an Nanny, S. 254 (21. 6. 1920).
177 Briefe an Schweizer Freunde, S. 91 f. (an Dory Von der Mühll, 1. 7. 1920).
178 Briefe 1914-21, S. 301 (an Gräfin M., 26. 6. 1920).
179 Briefwechsel mit Marie von Thurn und Taxis, Bd. II, S. 611 (23. 7. 1920).
180 Briefe an Nanny, S. 432 f. (20. 5. 1921).
181 Zit. nach Norbert Huse, Venedig. Von der Kunst, eine Stadt im Wasser zu bauen, München 2005, S. 139.
182 Rilke, Sämtliche Werke, Bd. I, S. 609.

Sehenswürdigkeiten

Fragt man Venezianer nach einer Adresse, antworten sie meist, es sei so eine Sache mit den Hausnummern und Straßennamen – auf die käme es in ihrer Stadt eigentlich nicht an. Soll heißen: Manche Orte findet man nicht im ersten Anlauf, manche haben auch zwei Adressen, ein zielstrebiges »Abhaken« von Sehenswürdigkeiten mit detailliert vorgegebener Route ist nicht nur fast unmöglich, es widerspricht dem Charakter der Stadt. Wenn man das Verirren, das Suchen, die Nebenwege und die eigenen Entdeckungen als Teil der Unternehmung »Mit Rilke in Venedig« begreift, wäre das übrigens auch im Sinne des Dichters selbst. Und fragen kann man überall in Venedig, Venezianer reagieren darauf meist sehr freundlich und hilfsbereit, auch am Telefon.

Kirchen und Scuole

Ai Gesuati (= Santa Maria del Rosario) · Dorsoduro, Fondamenta delle Zattere ai Gesuati · Die Kirche, in der Rilke so gern saß, ist bei Venezianern beliebt als Hochzeitskirche, weil sie so dekorativ am Wasser liegt. Das macht sich gut auf Hochzeitsphotos.

Madonna dell'Orto · Cannaregio, Fondamenta Madonna dell'Orto · Tintorettos Gemälde *Presentazione di Maria al Tempio*, 1552-53, das Rilke so bewundert hatte, hängt über dem Eingang zur Maurus-Kapelle.

Il Redentore · Campo Redentore auf der Giudecca · Rilke besuchte die Kirche gleich am zweiten Tag seiner ersten Venedigreise 1897, weil schon Goethe sie in seiner »Italienischen Reise« lobte (»ein schönes großes Werk von Palladio« … »Inwendig ist Il Redentore gleichfalls köstlich.«). (Italienische Reise, 3. Oktober 1786)

Zum Klostergarten gelangt man links von der Kirche, Ende der Calle dei Frati. Bisher konnte man auf Anfragen den Klostergarten besichtigen (041 522 43 48).

San Giorgio Maggiore · Campo San Giorgio auf der Insel San Giorgio Maggiore, Aufzug im Campanile, Öffnungszeiten des Turms können von denen der Kirche abweichen.

»Das schöne Ding«, wie Rilke die Kirche in seinem Gedicht »Venezianischer Morgen« nennt, ist neben *Il Redentore* die einzige venezianische Kirche, die ganz von Andrea Palladio entworfen wurde. Der Meister, der 1566 mit dem Bau des Gotteshauses begann, erlebte allerdings die Fertigstellung nicht mehr.

San Marco · San Marco, Piazza San Marco · Während sich die meisten Schriftsteller in Lobeshymnen ergingen, schrieb Goethe über die Basilika gerade einmal fünf Zeilen. Nur für die Quadriga interessierte er sich: »Die Pferde auf der Markuskirche besah ich in der Nähe. Von unten hinauf bemerkt man leicht, daß sie fleckig sind, teils einen schönen gelben Metallglanz haben, teils kupfergrünlich angelaufen. In der Nähe sieht und erfährt man, daß sie ganz verguldet waren, und sieht sie über und über mit Striemen bedeckt, da die Barbaren das Gold nicht abfeilen, sondern abhauen wollten. Auch das ist gut, so blieb wenigstens die Gestalt. Ein herrlicher Zug Pferde, ich möchte einen rechten Pferdekenner darüber reden hören.« (Italienische Reise, 8. Oktober 1786)

Santa Maria Gloriosa dei Frari (= I Frari) · San Polo, Campo dei Frari · Im Chor Tizians Gemälde *Assunta* (Mariae Himmelfahrt), 1518 entstanden, das Rilke bereits auf seiner ersten Venedigreise 1897 und noch bei seinem letzten Aufenthalt 1920 bewunderte.

Santa Maria della Salute · Dorsoduro, Campo della Salute · Die Kirche des großen venezianischen Architekten Baldassare Longhena (1598-1682) mit ihrer berühmten Kuppel konnte Rilke vom Mezzanin der Fürstin von Thurn und Taxis aus sehen.

Santa Maria Formosa · Castello, Campo Santa Maria Formosa · Schon 1908 schwärmte Rilke von der »schönen Kirche Santa Maria Formosa«, später besuchte er sie zusammen mit der Fürstin von Thurn und Taxis am 3. April 1911. Die Grabtafeln der Brüder Hellemans, auf die Rilke in der ersten »Duineser Elegie« verweist, rahmen das Südportal im rechten Querschiff: über dem Tor die Inschrift für beide Brüder, rechts die Tafel für Antonius, links für Gulielmus (= Wilhelm).

Scuola Dalmata di S. Giorgio degli Schiavoni · Castello 3259A, Calle dei Furlani, Tel. 041 520 84 46 · Ein fast vollständig erhaltenes Gesamtkunstwerk der Renaissance mit Carpaccios gemalten Geschichten des heiligen Hieronymus, Trifons und des heiligen Georgs.

Tipp: In der Regel muss man in Venedigs Kirchen Eintritt zahlen. Eine

Reihe der hier genannten Gotteshäuser kann man mit dem sogenannten Chorus-Pass billiger besuchen. Der Pass gilt ein Jahr und kann in den Kirchen erworben werden. Informationen auch über aktuelle Öffnungszeiten: <www.chorusvenezia.org>.

Museen, Galerien

Ca' d'Oro, Galleria Franchetti · Cannaregio 3932, Calle di Ca' d'Oro, Tel. 041 520 03 45 · <www.cadoro.org> · Rilke bewunderte damals die sachkundige Renovierung des Palastes, der heute allerdings immer wieder baufällig ist. Großartig der Ausblick auf den *Canal Grande* und die gegenüberliegenden *Palazzi.*

Ca Rezzonico, Museo del Settecento Veneziano (Museum des 18. Jahrhunderts) · Dorsoduro 3136, Fondamenta Rezzonico, Tel. 041 241 01 00 · Der englische Lyriker Robert Browning, auf dessen Spuren Rilke den Palast 1903 besuchte, starb am 12. 12. 1889 in den Räumen unter dem Dach. Dort erinnert zwar nichts mehr an den Dichter, und die Sammlung venezianischer Malerei, die dort gezeigt wird, ist unbedeutend. Dennoch: Unbedingt in das oberste Stockwerk hinaufsteigen, denn hier betritt man ein typisch venezianisches Mezzanin – wie die Wohnung der Fürstin von Thurn und Taxis.

Gallerie dell'Accademia · Dorsoduro 1050, Campo della Carità, Ticket-Reservierung 041 520 03 45. <www.gallerie.accademia.org> · Bei seinem ersten Besuch 1897 erinnerte Rilke sich vor allem an »die vornehme Schlichtheit« des Baus, weniger an die Gemälde. Später besuchte er die Akademie oft. Tizians »Mariae Tempelgang« (1534-39) im Saal 24 inspirierte ihn zu einem Mariengedicht.

Museo Correr · San Marco 52, Piazza San Marco, Procuratie Nuove, Tel. 041 240 52 11 · <www.visitmuve.it> Carpaccios Meisterwerk »Zwei venezianische Damen« (früher »Die Kurtisanen«), 1495, hängt im zweiten Stock, Saal 38.

Museo Storico Navale · Castello 2148, Riva San Biagio, Tel. 041 244 13 99 · Kriegsschiffe, Gondeln, Galeeren: Seit dem 17. Jahrhundert sammelte die Regierung Venedigs Schiffsmodelle.

Palazzo Ducale · San Marco 1, Piazetta San Marco · Die Räume der Geheimpolizei, der Spitzel und »Späher« (Rilke in »Ein Doge«) können nur mit einer Führung besichtigt werden, rechtzeitig anmelden.

Tel. 848 08 20 00. online: <www.palazzoducale.visitmuve.it/itinerari-segreti>
Palazzo Mocenigo Centro Studi di Storia del Tessuto e Costume (Museum für Stoffe und Kostüme) · Santa Croce 1992, Tel. 041 721 798 · <mocenigo.visitmuve.it> Die eindrucksvolle Ahnenreihe mit Porträts der sieben Dogen aus der Familie befindet sich im Portego.
Pinacoteca Querini-Stampalia · Castello 5252, Campo S. Maria Formosa, Tel. 041 271 14 11 · <www.querinistampalia.it> · Mittelmäßige Kunst, doch, wie schon Rilke fand, gute Einblicke in Venedigs Alltagsleben in einem authentischen Ambiente. Die Bibliothek ist für alle zugänglich und dienstags bis samstags von 10 bis 24 Uhr geöffnet, an Sonn- und Feiertagen nur bis 19 Uhr. Montags geschlossen.
Tipp: Informationen über verbilligte Kombi-Tickets, Museumspässe und Öffnungszeiten: <www.visitmuve.it> Wer viel Vaporetto fahren will (Kosten pro Einzelfahrt z. Z. 7 Euro), kann auch eine Venezia-Unicard erwerben, in der Verkehrsmittel, Kirchen- und Museumseintritte enthalten bzw. verbilligt sind. <www.veneziaunica.it>.

Paläste

Ca' Giustinian · Heute Sitz der Biennale, früher Luxusherberge »Hotel de l'Europe«. Eine der letzten Venedig-Erinnerungen der Fürstin von Thurn und Taxis an Rilke stammt von hier: »Ende Mai 1920 trafen mein Mann und ich dort ein, Rilke folgte ein wenig später und stieg im Hotel Europe ab, wo ich ihn abholte. Ich sehe noch, wie er lachend auf der kleinen Treppe am Canal Grande unserer Gondel zuwinkte.« Tipp: das Café »L'ombra del Leone«, San Marco 1364, Tel. 041 24 135 19.
Casetta Rossa (auch Casetta delle Rose) · Kleiner, etwas zurückgesetzter Palast am *Canal Grande*, schräg gegenüber vom *Campo San Vio*. Rilke weilte hier oft beim Prinzen Fritz von Hohenlohe, das erste Mal wohl am 4. April 1911. Dessen Gattin Donna Zina (Frau von Waldenburg) bewahrte den Schlüssel für das Mezzanin auf. Der Prinz vermietete die *Casetta Rossa* 1915 an Gabriele d'Annunzio. Der wohnte hier, als seine Liaison mit Eleonora Duse schon längst vorbei war (und nicht gleichzeitig zu ihrem Aufenthalt im *Palazzo Barbaro-Wolkoff*, schräg gegenüber, wie meist behauptet wird).

Palazzo Barbaro-Wolkoff · Am besten vom *Canal Grande* aus zu sehen, liegt zwischen *Santa Maria della Salute* und dem *Palazzo Venier dei Leoni* (Sitz der Sammlung Guggenheim). Hier wohnte Eleonora Duse mehrere Jahre: »Ich habe mich in einer kleinen Wohnung im letzten Stockwerk eines alten Palazzo eingerichtet, unter dem Dach, mit einem großen Spitzbogenfenster, von dem aus man die ganze Stadt beherrscht.« Rilke hätte später das Appartement von Alexander Wolkoff-Muromzoff mieten können, zog aber das Mezzanin der Fürstin vor. Im **Palazzo Dario** (direkt daneben) lebte und arbeitete der französische Dichter Henri de Régnier. Rilke traf ihn ab und zu beim Spazierengehen auf den *Zattere*. Er schätzte den französischen Kollegen besonders, weil er sich um die Entdeckung der venezianischen Gärten verdient gemacht hatte.
Palazzo Barbarigo della Terrazza · Am *Canal Grande*, direkt neben der Einfahrt *Rio San Polo* die Marmorterrasse, auf der Rilke im November 1907 stand. Berühmt war der *Palazzo* für seine Gemäldesammlung, die Zar Nikolaus I. 1850 zum größten Teil aufkaufte. Heute befindet sich hier das »Deutsche Studienzentrum in Venedig« (*Centro Tedesco di Studi Veneziani*), San Polo 2765/a, Tel. 041 520 63 55.
Palazzo Bembo · Am *Canal Grande*, nicht weit entfernt von der Rialtobrücke. Soll Wohnsitz des Renaissance-Philosophen und Dichters Pietro Bembo gewesen sein, offizieller Stadtschreiber Venedigs. 1894 kaufte der Jude Amedeo Grassini (Vater von Margherita Sarfatti, der späteren Geliebten Mussolinis) den berühmten Palast und zog mit seiner Familie hierher. Rilke bezog aus dem »alten Garten im Palazzo Bembo« der Fürstin Titi (= Pauline) von Thurn und Taxis seine Rosen.
Palazzo Cini-Loredan, früher Valmarana · Dorsoduro 864, Campo San Vio, Tel. 041 271 02 17 · <www.palazzocini.it> · Im *Palazzo* befindet sich die *Raccolta d'Arte Giorgio Cini*, die im April 2015 wieder eröffnet wurde. Toskanische Kunst vom 13. bis zum 16. Jahrhundert, Renaissance-Malerei aus Ferrara, Skulpturen, Möbel und Porzellan. Dazu wechselnde Ausstellungen moderner Kunst.
Palazzo Labia · Cannaregio, Fondamenta Labia · Der Palast mit der farbenprächtigen *Sala del Tiepolo* wird seit Ende 2005 restauriert und kann »auf unbestimmte Zeit« nicht besichtigt werden.
Palazzo Mocenigo und Ca'Mocenigo Vecchia · Am *Canal Grande*, gegenüber Anleger *San Tomà* · In der *Ca'Mocenigo Vecchia* weilte Gior-

dano Bruno 1591/92 zu Besuch, wurde dann jedoch von seinem Gastgeber Giovanni Mocenigo bei der Inquisition denunziert. Mit den späteren Gästen ging die alteingesessene Patrizierfamilie besser um: Im *Palazzo Mocenigo* konnte Lord Byron 1818-1819 seinen »Don Juan« dichten. Rilke war im Sommer 1912 häufig zu Gast im exklusiven Salon der schönen Gräfin Mocenigo.

Hotels

Bauer · San Marco 1459, Campo San Moisè, Tel. 041 520 70 22 · <www.bauerhotels.com> Das Traditionshotel hieß zu Rilkes Zeiten *Hotel D'Italie-Bauer (Grünwald)*, war laut Baedeker 1902 von Deutschen bevorzugt und »etwas weniger anspruchsvoll«. Damals mehr bekannt für seine österreichische Küche. Es hat sich gemausert und gehört heute zu den besten Fünf-Sterne-Hotels der Welt. Auch die Küche ist heute international.

Danieli · Castello 4196, Riva degli Schiavoni, Tel. 041 522 64 80 · <www.danielehotelvenice.com> Platz 1 im Baedeker-Hotel-Ranking in den Jahren um 1900. D'Annunzio logierte hier, als er Eleonora Duse kennenlernte. Rilke wohnte nie im *Danieli*, ganz so verschwenderisch wie der von ihm geschätzte italienische Dichterkollege war er doch nicht. Heute immer noch eines der besten Luxushotels. Auch für Nichtgäste: die Piano-Bar.

Des Bains · Lungomare Marconi 17, Lido di Venezia· Rilke fand die Luxushotels auf dem *Lido* »übertriebene«, »stupide Häuser« – gegen seine sonstige Vorliebe für glanzvolle Herbergen. Thomas Mann hingegen wohnte hier im Sommer 1911, das Hotel ist Schauplatz der Verfilmung von »Tod in Venedig« von Lucchino Visconti. Das Hotel ist seit 2010 geschlossen.

Luna Hotel Baglioni · San Marco 1243, Tel. 041 528 98 40 – <www.baglionihotels.com> Ein Haus mit langer Tradition: 1118 beherbergte das Gebäude die Ritter des Templerordens vor ihrem Kreuzzug nach Jerusalem, dann war es Kloster, ab 1574 das Gasthaus *Locanda della Luna*. Rilke wohnte hier vom 29. März bis 5. April 1911. Heute Fünf-Sterne-Luxus.

Pensione La Calcina · Dorsoduro 780, Fondamenta Zattere ai Gesuati, Tel. 041 520 64 66 · <www.lacalcina.com> Alteingesessene Pension an

Venedigs schönster Promenade. John Ruskin war Dauergast. Die Pension wirbt damit, dass Rilke von hier aus Briefe geschrieben habe. Doch sein Privatzimmer hatte der Dichter im Frühsommer 1912 gleich um die Ecke, heute Calle del Pistor 775, Campo della Calcina, gemietet.
Westin Europa e Regina · San Marco 2159, Calle Larga XXII Marzo, Tel. 041 240 00 01 · <www.westineuropareginavenice.com> Früher *Hotel Britannia*: das erste Hotel, in dem Rilke 1897 logierte.

Bàcaris, Cafés, Restaurants

Do Mori · 429 San Polo, Calle Do Mori, Tel. 041 522 54 01 · Eng, laut, voll, man isst im Stehen. Kein Ort für zartbesaitete Dichter. Und doch zu Recht eines der berühmtesten alten Bàcari Venedigs: Hervorragende »Francobolli«= Briefmarken, wie die Sandwiches hier heißen, der Prosecco, eine Spezialanfertigung für *Do Mori*, wird jede Woche frisch aus Valdobbiadene geliefert.
L'Altanella · Giudecca 268, Calle delle Erbe, Tel. 041 522 77 80 · Seit vier Generationen Familienbetrieb. Im Sommer sitzt man auf der Terrasse an einem ruhigen Seitenkanal, sonst im kleinen Gastraum.
Antica Locanda Montin · Dorsoduro, Fondamenta Eremite 1147 (in manchen Stadtplänen und Reiseführern Fondamenta Borgo), Tel. 041 522 71 51 · <www.locandamontin.com> · Restaurant hinter *San Trovaso*, ganz in der Nähe von *Palazzo Valmarana* und Akademie. Zu Rilkes Zeiten rustikal, die Bohème unterhielt sich bei Brot, Salami und Wein, heute speist man teurer, nicht unbedingt besser. Aber man sitzt sehr schön im schattigen Garten. Tipp: Es gibt auch kleine Pension im Haus. Einfache, etwas altmodisch eingerichtete Zimmer, aber einigermaßen preiswert, sauber und ruhig, z. T. mit Blick auf die Pergola.
Caffè Florian · San Marco 57, Piazza San Marco, Tel. 041 520 56 41 · <www.caffeflorian.com> · Seit 1720 Treffpunkt von Künstlern und Schriftstellern wie Lord Byron, Rousseau, George Sand und Alfred de Musset, Schopenhauer. Im Sommer 1912 plauschten hier oft auch Rainer Maria Rilke und seine adligen Freunde. Während die anderen bei großer Hitze »ihren Zustand mit täuschenden Eisgetränken« steigerten, versuchte der Dichter, »dann und wann mit einem heißesten Thee einen momentanen Ausgleich herzustellen«.
Gran Caffè Quadri · San Marco 121, Piazza San Marco, Tel. 041

522 21 05 · <www.quadrivenice.com> · 1638 unter anderem Namen gegründet, eines der ältesten Kaffeehäuser Venedigs. Hier konnten die Venezianer 1725 erstmals türkischen Mokka probieren. Konkurrenzunternehmen des *Florian*, was ausländische Künstler nicht störte. Henry James z. B. frühstückte 1881 erst ausgiebig im *Florian* und aß dann im *Quadri* zu Mittag. Die »echten« Venezianer trafen sich lieber im *Florian*, nachdem das *Caffè Quadri* von der österreichischen Besatzungsmacht bevorzugt wurde. Ob das Rilke, den bekanntermaßen alles Österreichische störte, vom Besuch abhielt, ist nicht bekannt. Aber er vermisste 1920 die Leute aus der feinen Gesellschaft, die sich hier vor dem Ersten Weltkrieg getroffen hatten.
Taverna La Fenice · San Marco 1939, Campiello della Fenice, Tel. 041 522 38 56 · <www.ristorantelafenice.it> · Auf der feinen Speisekarte erinnern nur noch einzelne Gerichte wie *Pasta e fagioli* (Nudeln mit Bohnen) an das »echtvenezianische« Milieu, in dem sich die Fürstin von Thurn und Taxis und Rilke 1920 zum Frühstück trafen. Damals war das Lokal, das es seit Ende des 18. Jahrhunderts gibt, eine typische Taverne für Arbeiter mit Wein und deftigem Essen.

Plätze, Straßen, andere Orte

Arsenal · Castello · Immer noch gesichert wie zu Hochzeiten der *Serenissima*. Die beiden Löwen, die das imposante Eingangstor bewachen, hatte Francesco Morosini 1687 in Griechenland erbeutet. Morosini war der letzte Doge, der zugleich oberster Befehlshaber der Flotte war. Seine vielen Siege (u. a. über die Türken) konnten allerdings den Untergang der Stadt und ihrer Werft nicht aufhalten.
Campo del Ghetto Nuovo · Das *Museo Ebraico e Sinagoghe*, Cannaregio 2902/b, Tel. 041 715 359, organisiert auch Führungen in den Synagogen auf Italienisch und Englisch. Deutsch nur auf Voranmeldung. <www.museoebraico.it>
Campo San Polo · San Polo · Zweitgrößter Platz Venedigs, trotzdem beschaulich und grün: eine der wenigen Oasen in der Wasserstadt mit Bäumen. Früher Schauplatz von Volksfesten, Stierhatzen und Gottesdiensten unter freiem Himmel, heute im Februar Karnevalsrummel, im Sommer Freiluftkino fürs Stadtviertel. Sonst venezianisches Alltagsleben.

Campo Santa Maria Formosa · Castello · Wie so oft in Venedig: Es lohnt sich, die Haupttouristenzentren zu verlassen. Der Platz ist nicht weit von der *Piazza San Marco* entfernt, und der Campari kostet nur noch ein Drittel.
Campo San Trovaso mit Gondelwerft · Dorsoduro 1097 · <www.squerosantrovaso.com> Mit den alten Holzhäusern wirkt die kleine Gondelwerft wie ein Alpendorf mitten in der Marmorstadt. Max Reinhardt diente der Platz 1934 als Kulisse für eine Freilichtaufführung des »Kaufmanns von Venedig«. Hier soll in den nächsten Jahren ein Gondelmuseum entstehen.
Campo San Vio · Kein Lärm mehr wie zu Rilkes Zeiten. Im Gegenteil: ruhiger, kleiner Platz mit Blick auf den *Canal Grande* und den *Palazzo Cini-Loredan (ex Valmarana).*
Cimitero ebraico · Via Cipro 70, Lido di Venezia, Tel. 041 715 359 · Schon Goethe besuchte den Friedhof auf dem Lido: »Auf dem Lido, nicht weit vom Meer, liegen Engländer begraben, und weiterhin Juden, die beiderseits in geweihtem Boden nicht ruhen sollten. Ich fand das Grab des edlen Consul Smith und seiner ersten Frauen, ich bin ihm mein Exemplar des Palladio schuldig und dankte ihm auf seinem ungeweihten Grabe dafür. Und nicht allein ungeweiht, sondern halbverschüttet ist das Grab.« (8. Oktober 1786)

Heute kann man den Jüdischen Friedhof nur mit Führung betreten. Auf Italienisch und Englisch, nicht regelmäßig, im Winter z. B. finden keine Führungen statt. Eine Führung kostet ungefähr 80 Euro, unabhängig von der Anzahl der Teilnehmer. Wer sich dafür interessiert, sollte beim *Museo Ebraico* (Telefonnummer s. o.) anrufen, sehr freundliche Auskünfte.
Pescheria und Erberia · San Polo · Seit 1000 Jahren wird hier der Fischmarkt betrieben. Wer das Ausladen der Waren miterleben will (ein Erlebnis, auch heute noch), muss sehr früh am Morgen aufstehen, spätestens ab 8.30 sind die Auslagen der Stände dekoriert, mittags wird wieder eingepackt.
Spadaria · San Marco, zwischen Calle Larga San Marco und Campo San Guiliano, hinter dem Markusplatz · In einem Handwerksbetrieb der kleinen Gasse wollte Rilke sich einen Fächer arbeiten lassen, »sorgfältig zusammengesetzt«, so wie er es bei der Contessina Pia gesehen hatte. Einziges Problem: der hohe Preis. 40 Francs sollte die Ar-

beit kosten. Heute hätte der Dichter andere Probleme: Kaum eines der traditionellen Souvenirs aus Venedig, die in den Gassen um die *Piazza San Marco* verkauft werden, seien es Fächer, Spitzen oder Glas, werden noch am Ort hergestellt. Die Fächer kommen meist aus Spanien, die Hälfte aller verkauften Murano-Gläser wird in Taiwan produziert, die berühmte Burano-Spitze sieht man fast nur noch im Museum. Keine der Deckchen, die man in den rund 130 Geschäften und Ständen Venedigs kaufen kann, wird noch auf der venezianischen Insel geklöppelt. Das sagt jedenfalls Girolamo Marcello, Präsident der »Stiftung zum Schutz der Burano-Spitze«. (Quelle: GEO Special Venedig). Echtes ist heutzutage nur für sehr, sehr viel Geld zu haben.

Villa Romanelli (früher *Villa Isolana*) · Ecke Riva di Corinto 4, Via Rodi 4, Lido · Am besten mit Fahrrädern zu erreichen, die man in mehreren Geschäften in der *Gran Viale Santa Maria Elisabetta*, Nähe der Vaporetto-Station Lido, ausleihen kann.

Zattere · Der Uferweg ist so lang, dass er mehrfach den Namen wechselt: *Fondamenta Zattere Ponte Lungo* (mit Luigi Nonos Geburtshaus und der Ex-Pension Romanelli), außerdem viele Restaurants und Eiscafés, *Fondamenta Zattere ai Gesuati* mit gleichnamiger Kirche, *Fondamenta Zattere allo Spirito Santo*. Hier ging der Dichter Ezra Pound, der in der *Calle Querini 252* ganz in der Nähe lebte, gern spazieren. Die *Fondamenta Zattere ai Saloni* mit Bootswerften, Kanuverein und den *Magazzini del Sale* (den alten Salzspeichern) führen bis zum ehemaligen Zollamt, der *Dogana da Mar*.

Gärten · Allgemeine Informationen: Wigwam Club Giardini Storici Venezia · <www.giardini-venezia.it> · Die Organisation veranstaltet Führungen in venezianischen Gärten, auch für kleine Gruppen, allerdings vorwiegend auf Italienisch.

Giardini Papadopoli · Santa Croce, Piazzale Roma · »Auf jeden Fall zu besichtigen, sind die schönen Gärten der Papadopuli, in der Nähe des Palazzo Labia; den Permess holt man im alten Palazzo Tiepolo-Papadopuli, der dem Antiquitätenhändler Mr. Guggenheim gehört.« Rilkes Rat an Fräulein Gisela von der Heydt gilt heute nur bedingt. Zwar ist der Garten seit 1920 neben den *Giardini Pubblici* (dem Biennale-Gelände) und den königlichen Gärten der einzige große öffentlich zugängliche Park. Doch er hat viel von seinem Charme verloren, wirkt sogar etwas heruntergekommen. Kaum etwas erinnert noch an die Atmosphäre des 19. Jahrhunderts, in dem der Garten zuerst vom Bühnenbildner des Theaters *La Fenice* Francesco Bagnara im englischen romantischen Stil gestaltet wurde, später dann um viele exotische Pflanzen und um eine berühmte Terrasse mit Blick auf den *Canal Grande* bereichert wurde.

Giardino Eden · Giudecca, am hinteren Ende des Rio della Croce · »Er ist so in den Raum hinausgehoben wie das Paradies auf den pisaner Fresken: das äußerste Irdische was man noch denken kann; die Stelle wo Irdisches, gleichsam ausklingend, fortwährend in den Himmel übergeht, aufsteigt, entflüchtigt.« Heute ist der Garten Eden, von dem Rilke Fräulein von der Heydt so vorschwärmte, sehr irdisch begrenzt von Kanal, Backsteinmauern und verriegeltem Eingangstor. Dennoch ein Muss für den echten Rilke-Fan!

Stand der Informationen über Adressen, Telefonnummern, Öffnungszeiten etc.: Januar 2016

Literatur

Werke von Rainer Maria Rilke

Sämtliche Werke, hg. vom Rilke-Archiv in Verbindung mit Ruth Sieber-Rilke, besorgt durch Ernst Zinn, 6 Bände, Frankfurt am Main 1987

Das Florenzer Tagebuch, hg. von Ruth Sieber-Rilke und Carl Sieber, Frankfurt am Main/Leipzig 1994

Die Aufzeichnungen des Malte Laurids Brigge, mit einem Kommentar von Hansgeorg Schmidt-Bergmann, Frankfurt am Main/Leipzig 2000

Briefe, hg. vom Rilke-Archiv Weimar in Verbindung mit Ruth Sieber-Rilke, besorgt von Karl Altheim, Frankfurt am Main 1987

Briefe aus den Jahren 1906-1907, hg. von Ruth Sieber-Rilke und Carl Sieber, Leipzig 1930

Briefe aus den Jahren 1907-1914, Leipzig 1933

Briefe aus den Jahren 1914-1921, Leipzig 1937

Briefe an einen jungen Dichter (Franz Xaver Kappus), Leipzig 1929

Briefe an die Mutter 1910-1926, hg. von Ruth Sieber-Rilke, Frankfurt am Main und Leipzig 2009

Briefe an eine venezianische Freundin, aus dem Französischen von Margret Millischer (mit einem Vorwort von Jean Michel Maulpoix und einem Nachwort von Margret Millischer), Leipzig 2011

Briefe an Sidonie Nádherný von Borutin, hg. von Bernhard Blume, Frankfurt am Main 1973 (= Briefe an Sidonie)

Briefe an Nanny Wunderly-Volkart, Frankfurt am Main 1977, 2 Bände, besorgt durch Rätus Luck (= Briefe an Nanny)

Briefe an das Ehepaar Fischer, hg. von Hedwig Fischer, Zürich 1947

Briefe an die Schweizer Freunde, Erweiterte und Kommentierte Ausgabe, hg. von Rätus Luck (unter Mitarbeit von Hugo Sarbach), Frankfurt am Main/Leipzig 1994

Briefe aus Muzot, hg. von Ruth Sieber-Rilke und Carl Sieber, Leipzig 1937

Die Briefe an Frau Gudi Nölke, hg. von P. Obermüller, Wiesbaden 1953

Die Briefe an Karl und Elisabeth von der Heydt 1905 bis 1922, hg. von Ingeborg Schnack und Renate Scharffenberg, Frankfurt am Main 1986

Briefwechsel mit Anton Kippenberg 1906 bis 1926, hg. von Ingeborg Schnack und Renate Scharffenberg, Frankfurt am Main/Leipzig 1995

Hugo von Hofmannsthal/Rainer Maria Rilke, Briefwechsel 1899-1925, hg. von Rudolf Hirsch und Ingeborg Schnack, Frankfurt am Main 1978

Rainer Maria Rilke, Lettres à une amie vénetienne (Mimi Romanelli), Paris 1985

Rainer Maria Rilke/Lou Andreas-Salomé, Briefwechsel, hg. von Ernst Pfeiffer, Frankfurt am Main 1989

Rainer Maria Rilke/Ellen Key, Briefwechsel, hg. von Theodor Fiedler, Frankfurt am Main/Leipzig 1993

Rainer Maria Rilke/Helene von Nostitz, Briefwechsel, hg. von Oswalt von Nostitz, Frankfurt am Main 1976

Rainer Maria Rilke/Mathilde Vollmoeller, Briefwechsel 1906-1914, Frankfurt am Main/Leipzig 1993

Rainer Maria Rilke und Marie von Thurn und Taxis, Briefwechsel, 2 Bände, hg. von Ernst Zinn, Frankfurt am Main 1986

Literatur über Rainer Maria Rilke

Archivio di Stato Trieste (Hg.), Dottor Serafico. La memoria di Rainer Maria Rilke e l'archivio del Castello di Duino, Trieste 1999

Baur, Eva Gesine, Rainer Maria Rilke und Adelmina Romanelli, in: Amor in Venedig, München 2009

Blume, Bernhard, Spätherbst in Venedig, in: Existenz und Dichtung, Essays und Abhandlungen, Frankfurt am Main 1980, S. 95-111

Boehm, Gottfried (Hg.), Rilke und die bildende Kunst, Frankfurt am Main 1985

Casellato, Pietro, La veneziana misteriosa di Rainer Maria Rilke, Venezia 1977

Czernin, Monika, Duino, Rilke und die Duineser Elegien, München 2004

Decker, Gunnar, Rilkes Frauen oder Die Erfindung der Liebe, Leipzig 2004

Engel, Manfred (Hg.), Rilke Handbuch: Leben-Werk-Wirkung. Unter Mitarbeit von Dorothea Lauterbach, Stuttgart 2013

Exner, Richard, »Dieser Streifen Zwischenwelt« und der Wille zur Kunst: Überlegungen zu Rilke in Venedig, in: Blätter der Rilke-Gesellschaft, Heft 16/17 (1989/90)

Freedman, Ralph, Rainer Maria Rilke, Der junge Dichter 1875 bis 1906, Frankfurt am Main/Leipzig 2001 (= Freedman, Bd. I)

Freedman, Ralph, Rainer Maria Rilke, Der Meister 1906 bis 1926, Frankfurt am Main/Leipzig 2002 (= Freedman, Bd. II)

Fülleborn, Ulrich/Engel, Manfred (Hg.), Rilkes ›Duineser Elegien‹, Frankfurt am Main 1982, Band II

Götte, Gisela, Danzker, Jo-Anne Birnie, Rainer Maria Rilke und die Kunst seiner Zeit, München, New York 1996

Haustedt, Birgit, »Das Amt der Engel« – Zum Verhältnis von Weiblichkeit und Schreiben in den »Aufzeichnungen des Malte Laurids Brigge«, in: Blätter der Rilke-Gesellschaft, Heft 21 (1995)

Dies., »Nach Rilke gibt es keine Lyrik mehr« – Marlene Dietrich liest Rilke, in: Blätter der Rilke-Gesellschaft, Heft 23 (2000)

Holthusen, Hans Egon, Rainer Maria Rilke. Mit Selbstzeugnissen und Bilddokumenten, Reinbek bei Hamburg 1993

Jonas, Ilsedore B., Rilke und die Duse, Frankfurt am Main/Leipzig 1993

Kassner, Rudolf, Rilke, Gesammelte Erinnerungen 1926 bis 1956, hg. von Klaus E. Bohnenkamp, Pfullingen 1976

King, Martina, Pilger und Prophet. Heilige Autorschaft bei Rainer Maria Rilke, Göttingen 2009

Luck Rätus, »Mezzanino«: Rainer Maria Rilke und die Damen Valmarana, in: Blätter der Rilke-Gesellschaft, Heft 16/17 (1989/90)

DeMan, Paul, Tropen (Rilke), in: Allegorien des Lesens, Frankfurt am Main 1988

Mattenklott, Gert, Der geistige Osten bei Rilke und Kassner, in: Blätter der Rilke-Gesellschaft, Heft 15 (1988)

Nostitz, Helene von, Aus dem alten Europa, Menschen und Städte, Wiesbaden 1950

Schnack, Ingeborg, Rainer Maria Rilke. Chronik seines Lebens und seines Werkes, Frankfurt am Main 1975, 2 Bände

Schnack, Ingeborg, Rainer Maria Rilke. Leben und Werk im Bild, Frankfurt am Main 1977

Storck, Joachim W., Rilkes frühestes Venedig-Erlebnis, in: Blätter der Rilke-Gesellschaft, Heft 16/17 (1989/90)
Ders., Venedig, Mimi Romanelli und Rilkes Liebestheorie, in: Rilke: Les jours d'Italie. Katalog, Hg. von Curdin Ebneter, Sierre 2009
Tecchi, Bonaventura, Rilke in Italien, Mailand 1941
Thurn und Taxis-Hohenlohe, Marie von, Erinnerungen an Rainer Maria Rilke, Frankfurt am Main 1983
Unglaub, Erich, Liebesbriefe in fremder Sprache. Rainer Maria Rilkes Briefe an Adelmina Romanelli, in: Der Liebesbrief. Schriftkultur und Medienwechsel vom 18. Jahrhundert bis zur Gegenwart, hg. von Renate Stauf, Annette Simonis u. Jörg Paulus, Berlin, New York 2008
Wocke, Helmut, Rilke und Italien, Gießen 1940
Zweig, Stefan, Die Welt von Gestern. Erinnerungen eines Europäers, Frankfurt am Main 2003

CD · Nono, Luigi, Das atmende Klarsein (1980-1983), nach Texten aus den ›Duineser Elegien‹ von Rainer Maria Rilke und antiken orphischen Blättern, zusammengestellt von Massimo Cacciari, auf der CD Luigi Nono (1924-1990) Chorwerke, gesungen vom SWR Vokalensemble Stuttgart unter Leitung von Rupert Huber

Film · Spinelli, Italo, Rilke a Venezia, Dokumentarfilm für RAI 3, 1989

Literatur über Venedig und anderes

D'Annunzio, Gabriele, Das Feuer, herausgegeben und eingeleitet von Vincenzo Orlando, aus dem Italienischen von Maria Gagliardi und Gianni Selvani, Berlin 1999
Baedeker, Karl, Oberitalien. Handbuch für Reisende, Leipzig 1886
Ders., Oberitalien. Handbuch für Reisende, Leipzig 1902
Corbineau-Hoffmann, Paradoxie der Fiktion. Literarische Venedig-Bilder 1797 bis 1984, Berlin, New York 1993
Dammicco, Mariagrazia, Bondi, Gabriella, Querenghi, Letizia, I Giardini Veneziani, Piazzola sul Brenta 2003

Dante, Die Göttliche Komödie. Deutsch von Friedrich Freiherrn von Falkenhausen, Frankfurt am Main 1974
Dietrich, Marlene, Ich bin, Gott sei Dank, Berlinerin. Memoiren, Berlin 1997
Droste, Thorsten, Venedig. DuMont Kunst-Reiseführer, Köln 2002
Eden, Frederic, Un giardino a Venezia, Bologna 2008
Foscari, Giulia, Elements of Venice, Zürich 2014
Gauss, Karl-Markus, Welthauptstadt Venedig. Wie Venedig erst zur Weltmacht aufstieg und dann den eigenen Untergang überlebte, in: DU, Venedig. Baustelle Kunst, April 2003, Heft Nr. 735
Gazzetti, Maria, Gabriele d'Annunzio, Reinbek bei Hamburg 2000
Goethe, Johann Wolfgang, Italienische Reise. Sämtliche Werke, Hanser-Ausgabe, Bd. 15, München 1992
Ders., Tagebuch der Italienischen Reise 1786, Frankfurt am Main 1976
Goy, Richard, Stadt in der Lagune, Berlin 1998
Honour, Hugh, Venedig. Ein Führer, München, New York 1995
Huse, Norbert, Venedig. Von der Kunst, eine Stadt im Wasser zu bauen, München 2005
John, Jenny, Venedig, München 1997
Jost, Herbert, Selbstverwirklichung und Seelensuche. Zur Bedeutung des Reiseberichts im Zeitalter des Massentourismus, in: Brenner, Peter J. (Hg.), Der Reisebericht. Die Entwicklung einer Gattung in der deutschen Literatur, Frankfurt am Main 1989
Köthe, Friedrich/Schetar, Daniela, Friaul, Venetien, Bielefeld 2004
Mann, Thomas, Der Tod in Venedig, Frankfurt am Main 1973
Hausmann, Friederike, Werkstatt der Macht. Wie im Arsenal die Vorherrschaft übers Mittelmeer produziert wurde, in: DU, Venedig. Baustelle Kunst, April 2003, Heft Nr. 735
Maurer, Doris, Eleonora Duse, Reinbek bei Hamburg 1995
Maurer, Doris und Arnold E., Literarischer Führer durch Italien. Ein Insel-Reiselexikon, Frankfurt am Main 1988
Dies., Venedig. Der literarische Führer, Frankfurt am Main/Leipzig 1993
Milano, Attilio, Storia degli ebrei in Italia, Torino 1992
Moser, Ulrike, Die Werkhalle der Weltmacht, in: GEO Special Venedig Nr. 1, Feb./März 2004
Müller, Lothar, Casanovas Venedig. Ein Reiselesebuch, Berlin 2000

Nepi Scirè, Giovanna (Hg.), Gallerie dell'Accademia di Venezia. Guida, Milano 2013
Palazzo Mocenigo, Guida, Venezia 2014
Pescio, Claudio, Die Galerien der Accademia. Ein vollständiger Führer, Firenze 1981
Peterich, Eckard, Italien. Ein Führer. Erster Band: Oberitalien, Toskana, Umbrien, München 1985
Reski, Petra, Erste Reihe, Nummer 104. Strandleben auf dem Lido, in: GEO Special Venedig Nr. 1 Feb./März 2004
Requardt, Paul, Italien in der Bildersprache von Goethe bis Benn, München 1962
Rösch, Gerhard, Venedig. Geschichte einer Seerepublik, Stuttgart, Berlin, Köln 2000
Rugolo, Ruggero, Venedig auf den Spuren von Bellini, Carpaccio, Tizian, Tintoretto, Veronese, Florenz 2003
Salvatore, Gaston, Einladung zum Untergang. Venezianische Hintertreppen, Wien 2000
Schümer, Dirk, Leben in Venedig, München 2003
Sennett, Richard, Fleisch und Stein. Der Körper und die Stadt in der westlichen Zivilisation, Frankfurt am Main 1997
Shakespeare, William, Der Kaufmann von Venedig, in: Dramen, Bd. I, übers. Von A. W. Schlegel, D. Tieck und W. Graf Baudissin, Berlin/Weimar 1987
Simmel, Georg, Venedig, in: Zur Philosophie der Kunst. Philosophische und kunstphilosophische Aufsätze, Potsdam 1922
Venedig. DuMont Visuell, Köln 1993
De Voragine, Jacobus, Die Legenda Aurea, aus dem Lateinischen von Richard Benz, Heidelberg 1984
Waiblinger, Franz Peter, Venedig. Ein literarischer Reiseführer, Darmstadt 2003
Wieland, Karin, Die Geliebte des Duce. Das Leben der Margherita Sarfatti und die Erfindung des Faschismus, München 2004

Bildnachweise

Archivio Turio-Böhm, Venedig: 54, 151, 154
Bilderberg, Hamburg (Foto: Thomas Ernsting): 44/45
Cameraphoto, Venedig: 122/123, 186
Corbis, Düsseldorf (Foto: Atlantide Phototravel): 4
Angelika Dacqmine, Berlin: 36
Fondazione Giorgio Cini, Venedig: 158
Getty Images, München (Foto: David Madison): 202
Hans-Christoph Koller, Hamburg: 31, 32, 40, 92, 130, 142, 170
Tobias Madörin, Zürich: 48, 72/73
Paolo Marton, Treviso: 16/17, 76, 106, 110, 114/115, 118

Alle übrigen Abbildungen stammen aus dem Archiv des Insel Verlages.